비정규직 통념의 해부

여성의 눈으로 본 비정규직 차별

비정규직 통념의 해부

여성의 눈으로 본 비정규직 차별

인쇄 · 2011년 6월 20일 | 발행 · 2011년 6월 25일

지은이 · 김양지영
펴낸이 · 한봉숙
펴낸곳 · 푸른사상
주 간 · 맹문재
편 집 · 김재호

등록 · 1999년 7월 8일 제2-2876호
주소 · 서울시 중구 을지로3가 296-10 장양B/D 7층
대표전화 · 02) 2268-8706(7) | 팩시밀리 · 02) 2268-8708
이메일 · prun21c@hanmail.net / prun21c@yahoo.co.kr
홈페이지 · http://www.prun21c.com

ⓒ 김양지영, 2011

ISBN 978-89-5640-830-9 93330
값 17,000원

8 여성학 총서

Anatomy of the Conventional Wisdom of Contingent Employment
: A Feminist Analysis of Gender Discrimination at Work

비정규직 통념의 해부
여성의 눈으로 본 비정규직 차별

김양지영

푸른사상
PRUNSASANG

비정규직이란 말이 사회 문제로 부각된 이후 비정규직 문제에 대한 처방이 제대로 이뤄지지 않고 있는 가운데 이 말은 마치 원래부터 비정규직이 있었던 것 마냥 자연스럽게 받아들여지고 있다. 비정규직은 고용 형태에 따른 차이와 차별을 낳음으로써 이미 우리 사회에서 비정규직은 신분과 같은 것이 되어 버렸다. 그 결과 애초의 비정규직으로의 진입은 정규직을 꿈꿀 수 없게 하는 덫과 같은 것이 되어버려 2, 30대 직장으로의 진입을 시도하는 이들은 오랜 취업 준비를 통해 정규직으로의 진입을 꿈꾸게 되었다. 비정규직은 정규직과 고용 형태만 다를 뿐인가? 그렇지 않다. 비정규직은 정규직보다 모든 것이 못한 그런 일이 되어버렸다.

사회적으로 비정규직 문제를 해결하기 위해 '비정규직 보호법'이 만들어지고 시행되었다. '비정규직 보호법'이 만들어지고 시행되던 그 시기 나는 연구자가 아닌 한국여성노동자회 활동가로 여성 노동 운동 영역이라는 담론의 장에 있었다. 2004~2006년 비정규직 보호법과 관련해 노동계와 시민 사회단체에서는 사용 사유 제한과 사용 기간 제한을 놓고 다른 목소리로 인한 갈등을 겪기도 했다. 그리고 그러한 갈등은 한 조직 내에서도 일어났다. 그때 우리가 그렇게 집중했던 사용 사유 제한과 사용 기간 제한, 좀 거칠게 표현하자면 원론적인 것과 좀 더 현실적인 것 간의 갈등은 어쩌면 비정규직 문제를 어떻게 풀어나갈 것인지에 대한 방법론상의 차이였다.

결국 비정규직 보호법은 '사용 기간 2년 제한'이라는 조항을 가지고 2007년 7월 시행되었다. 법 통과 이후부터 기업 측에서는 법 시행에 따른 다양한 대응 전략을 구사하기 시작했다. 정규직 전환, 하위 직급 정규직 전환, 무기 계약직화, 외주 용약화, 2년 주기 신규채용 등의 다양한 전략이 그것이다.

신자유주의 국가 시장 전략에 따른 노동 유연화 흐름은 비정규직 보호법의 시행 여부와 무관하게 계속 현재 진행 중이다. 자본의 논리를 가진 기업은 다양한 묘수로 대응해간다. 그리고 기업의 대응 전략은 자본 중립적이지도 권력 중립적이지도 성 중립적이지도 않다. 자본주의 사회, 가부장제 사회에서 중립이라고 하는 것이 과연 존재할 수 있을까 하는 의문이 들기도 한다. 기업은 성차별적인 한국 사회에서 작동할 수 있는 대응 전략을 내놓는다. 그 대표적인 예가 여성 노동자의 비정규직화이다. '비정규직 보호법'의 긍정적인(?) 영향으로 정규직 전환이 이뤄질 때도 여성 집중 직종과 직무는 남성과 다르게 대우 받는다. 1980년대에 폐지된 여행원제는 2000년대에 분리 직군제나 무기 계약직으로 다시 살아나고 있는 것이다. 그러나 이러한 여성 노동에 대한 차별은 고용 형태라는 비정규직 차별에 묻혀 포착되지 못하고 있다. 여성 비정규직 문제에는 정규직, 비정규직이라는 고용 형태에 따른 차별만이 아니라 여성/남성이라는 성별에 따른 차별이 함께 존재한다. 여성 직종과 여성 직무의 비정규직화는 성별에 따른 체계적인 차별이 고용 형태와 교묘하게 만나는 지점인 것이다. 나는 여성 비정규직 문제는 고용 형태 차별과 함께 여성에 대한 성차별이 함께 논의되어야 하고, 여성 비정규직 문제 해결 방안 역시 이 두 가지 차별을 고려해서 모색 되어져야 한다고 본다.

이 책은 비정규직에 대한 통념, 그 통념이 여성 직종·직무와 만나 여성 노동 비정규직화를 가능하게 한다는 것을 밝히고 있다. 우리 사회 비정규직은 단순·비숙련하다는 통념이 비정규직에 대한 차이와 차별을 가능하게 하고 있다. 그리고 그러한 통념은 여성 직종·직무를 중심으로 비정규직화시키고 있고, 비정규직화에 따른 성차별을 정당화하고 있다.

이 책에서 나는 소위 여성 직종·직무는 단순·비숙련 직종으로 비정규직화하는 것이 당연하다고 하는 그 통념이 유효한 것인가에 대해 반론을 펼 것이다. 그리고 그 비정규직에 대한 통념이 오히려 여성 노동에 대한 성차별을 정당화, 비가시화시킨다는 것을 주장할 것이다. 이러한 주장을 뒷받침하기 위해 성별화된 유연화 과정을 겪은 A호텔을 참여 관찰함으로써 비정규직과 정규직의 비교 분석을 시도했고, 이러한 자료를 토대로 '비정규직 통념이 여성 노동에 대한 차별을 정당화, 비가시화 한다'는 것을 밝히려 한다.

이 책에서 다뤄질 내용을 개략적으로 소개하자면 다음과 같다.

비정규직은 현재 전체 노동자의 절반 이상을 차지할 정도로 우리 사회의 심각한 문제이다. 비정규직 문제는 여남이 함께 겪고 있지만 비정규직 내부를 들여다보면 성별성이 나타나고 있다. 여성의 높은 비정규직 비율과 여성 직종에 한해 비정규직화가 빠르게 진전되고 있는 것은 비정규직 문제는 곧 여성 문제임을 보여주고 있다. 비정규직이 진전되고 있는 가운데 비정규직화되는 직종(인력)은 주변적 업무로 단순·비숙련 직종이라는 인식이 노동 시장에 지배적이다. 실제로 기업 측의 비정규직 사용 정당화 논리처럼 비정규직은 단순 업무를 하는 이들로 규정되고, 인식되고 있다. 이처럼 비정규직을 단순·비숙련 직종으로 평가할 때 나타나는 문제는 현재 비정규직화되어 있는 일들에 대한 전체적인 가치 평가 절하를 가져올 수 있다는 점이다. 비정규직에 대한 가치 평가 절하는 곧 여성 노동력에 대한 가치 평가 절하로 이어진다. 여성에 대한 명백한 성차별일지라도 단순·비숙련인 비정규직에 대한 차별이라는 외피를 씀으로써 성차별을 비가시화시키는 기제로 적극 활용되고 있기 때문이다.

이와 같은 고용 형태에 따른 여성 노동에 대한 차별과 평가 절하를 문제 제기하기 위해서는 '비정규직=단순·비숙련'이라고 하는 우리 사회 통념이 실제로 타당한지 여부를 살펴볼 필요가 있다. 비정규직에 대한 숱한 논의들이 있지만 대개가 비정규직이 가지고 있는 통념에 대해 문제 제기하지 않은 채 수량적 차원에서 비정규직의 규모를 추정하고 비정규직의 처우를 드러내는 데 그치고 있다. 실제 현실에서 비정규직화가 어떻게 나타나고 있는지에 대한 구체적인 분석은 하고 있지 않은 것이다.

따라서 이 책에서는 내가 참여관찰한 호텔 사례를 통해서 한국 사회에서 나타나고 있는 비정규직화의 현황을 살펴보고 비정규직에 대한 통념처럼 여성 비정규직이 단순·비숙련한지를 자세히 들여다보았다.

1부에서는 비정규직은 단순·비숙련하다는 통념이 형성되고 있고 이 통념이 여성 노동에 어떻게 부정적인 영향을 끼치는지, 비정규직과 여성 노동 간의 밀접한 연관 관계를 설명하고 있다. 그리고 비정규직화라는 것이 노동 시장 유연화 정책의 산물로 그 정책이 어떤 내용을 담고 있는지 보고, 기업 측이 어떠한 맥락에서, 어떤 목적으로 비정규직을 활용하고 있는지를 살펴보았다.

2부에서는 호텔 산업의 전반적인 특성과 호텔 업계에 불고 있는 아웃소싱의 현황 및 배경에 대해 자세하게 보고 있다. A호텔 객실관리부서의 조직과 직무 특성을 보고 A호텔 객실관리부서의 아웃소싱(외주화) 과정도 함께 살핌으로써 A호텔의 아웃소싱 특성을 밝혔다. 그리고 A호텔의 아웃소싱 대상 선정의 타당성을 따져보기 위해 호텔이 아웃소싱 전략대로 합리적, 효율적으로 핵심/주변 업무를 선정했는지도 살펴보았다.

3부에서는 비정규직은 단순·비숙련이라는 전제가 타당한지 여부를 구체적으로 살펴보고 있다. 아웃소싱된 일이 비정규직에 대한 전제처럼 정말로 단순한지 여부를 일반적인 핵심/주변 업무의 판단 기준인 '숙련'을 가지고 살펴보았다. 숙련 수준을 비교하기 위해 고용 형태와 성별 변수를 둠으로써 여성 비정규직(룸 메이드)과 남성 정규직(층 지원자)를 비교해 비정규직화의 성별성을 드러내고자 했다. 따라서 룸 메이드와 층 지원자의 숙련 수준을 비교하기 위해 직무 특성에 따른 숙련 구성 요소들을 설정하고, 여성 비정규직과 남성 정규직의 숙련 수준을 비교 분석하였다.

이 책은 호텔 산업에 한정한 비정규직 문제를 다룬 것으로 전체 노동 시장의 비정규직 문제로 일반화할 수 없다는 한계를 가진다. 그러나 호텔은 서비스 산업으로 여성 집중 직종 가운데 하나이다. 여성 노동의 상당수가 서비스 산업에 집중되어 있고, 서비스 산업에서의 비정규직 비율이 높은 것을 고려한다면 이 책이 호텔 산업에 한정된 결과만은 아니라고 할 수 있다.

이 책은 좀 더 큰 틀에서 본다면, 여성의 일이 사회에서 낮게 평가되는 그 지점을 지적하고 있다. 여성이 여성적 특성을 발휘해서 하는 일, 가사·돌봄 일은 집 안팎에서 낮게 평가받고 있다. 우리는 과연 그 일들이 어떠한지 자세히 살펴보고, 그 일들에 대한 제대로 된 평가를 하는 것일까? 혹시 여성이 하는 일이기에, 남성이 하는 일이기에 색 안경을 끼고 보고 있지는 않은가? 일례로 호텔의 조리부는 호텔의 핵심 업무로 일컬어지고 대부분 정규직 남성으로 구성되어 있다. 물론 여기서 주방 보조를 하는 이들은 여성 비정규직이다. 호텔의 객실관리부에서 방을 상품으로 만들어내는 룸 메이드는 호텔의 핵심 업무를 함에도 불구하고 청소하는 아줌마들로 인식되어 정규직에서 비정규직(계약직), 비정규직에서도 간접 고용(아웃소싱, 외주화)으로 고용 형태가 계속해서 변해왔다.

이 책에서는 우리가 가지고 있는 일에 대한 인식, 그 인식이 무엇에 토대를 두는지 묻는다. 그리고 우리가 일을 인식하고 평가할 때 어떠한 태도를 가지고 어떤 과정을 거쳐 그 일에 대해 평가해야 하는지 질문

한다. 나는 자본주의화 되고, 성별화된 사회에서 일은 무엇을 기준으로 위계화 되어 있는지, 우리가 함께 살피고 그러한 내용을 공유함으로써 그 위계를 풀어내기 위해 무엇이 필요한지 함께 머리 맞대고 생각을 모으기를 희망한다.

이 책을 내기까지 많은 분들에게 도움을 받았다. 내가 비정규직 문제에 본격적으로 관심을 갖기 시작한 것은 여성노동자회에서 자원 활동을 시작하면서부터이다. 여성노동자회는 비정규직 여성 문제에 관심을 가지고 이들을 조직화해 전국여성노조라는 자매 조직을 만들어내는 등 여성 비정규직 문제에 많은 관심과 열정을 쏟았다. 호텔 룸 메이드는 전국여성노조 서울지부에서 조직화해냄으로써 가시화되었고, 나 역시 조직된 룸 메이드 조합원들을 만남으로써 우리 사회의 비정규직이 성별성을 가지고 있다는 것을 확인할 수 있었다. 한국여성노동자회와 전국여성노조는 이 책을 쓰는 동안 많은 도움을 주었다. 한국여성노동자회, 전국여성노조, 노조 조합원들에게 이 지면을 통해 감사를 전한다. 그리고 A호텔 참여관찰 동안 함께 했던 많은 룸 메이드 분들에게도 고마움을 전한다.

내가 원해서 한 참여관찰이었지만, 그 기간은 고통의 시기이기도 했다. 특히 객실 정비 일을 하던 시기에는 다리가 퉁퉁 붓는 등 극심한 피로를 겪었다. 참여관찰이 끝난 이후에는 더 알아보고 싶어도 다시 호텔에 들어갈 수 없었기 때문에 제한된 1달 동안 보고 듣고 느낀 모든 것을 놓치지 않고 담아내야 했다. 매일 일하고 나서 집에 온 후 현장 일지를 기록하고 분석했다. 이러한 일련의 과정에서 애정과 열정을 보여주시고 이 책이 나오기까지 신경을 써주신 조순경 선생님께 감사드린다.

　지금의 나는 주변의 많은 이들의 정신적·물질적 돌봄으로 존재한다고 해도 과언이 아니다. 나에게 항상 많은 인내와 사랑을 보여준 부모님과 가족들에게 감사드린다. 그리고 가장 가까운 곳에서 생활을 같이하며 삶의 고통과 기쁨을 함께하는 준연에게 감사한다. 아직 어려 되려 나의 돌봄을 더 필요로 하지만 엄마를 사랑한다며 전적으로 믿어주는 민형에게도 사랑을 전한다. 마지막으로 이 책이 나오기까지 열심히 원고를 읽어주고 조언과 격려를 아끼지 않은 손영주 언니와 김홍미리에게 감사드린다.

2011년 6월
김양지영

차례

제3부 비정규직과 정규직의 숙련 비교

제 1 부

비정규직에 대한 통념, 비정규직은 단순·비숙련

제 1장

비정규직에 대한 통념과 여성 노동의 관계

비정규직 문제는 곧 여성 문제

통계청이 2010년 8월에 실시한 '경제활동인구조사 부가조사'에서 비정규직[1]은 임금 노동자의 50.4%로 전체 노동자의 절반 이상을 차지하고 있다. 전체 여성 노동자 가운데 비정규직은 63.4%로, 남성 비정규직 40.8%보다 훨씬 높은 비율을 보이고 있다. 이는 이 연구를 진행했던 2005년보다 약 6%정도 감소한 결과[2]이지만 우리

---

[1] 비정규직 노동은 정규 노동에 대비되는 개념으로 널리 사용되고 있지만 국내외적으로 개념에 많은 혼란이 있으며 이에 대한 개념은 아직까지 합의가 이뤄져 있지 않다. 보통 정규직은 고용 관계와 사용 관계가 동일하고, 고용 기간을 정하지 않는 고용 관계를 맺으며, 법정 근로 시간에 따른 전일제 노동을 의미하는 반면 비정규직은 이러한 노동의 성격을 벗어난 모든 형태의 노동을 지칭한다. 비정규직은 시간제 또는 단시간 노동, 기간의 정함이 있는 임시고, 계약직, 아르바이트, 촉탁직 및 일고 형태의 노동, 사용 관계와 고용 관계가 분리되어 있는 파견 노동, 형식적으로는 독립 계약 방식으로 노동을 제공하는 독립 계약자 또는 특정한 양의 일을 위탁, 위임받아 수행하는 노동 등으로 규정되고 있다(조순경, 2000).

[2] 2001년 8월부터 2007년 3월까지 55~56% 수준을 유지하던 비정규직 비율이 2007년 8월에는 54.2%, 2008년 8월에는 52.1%로 하락한 데 이어,

사회 비정규직 문제는 여전히 심각한 수준이다. 특히 여성 노동자 10명 중에 6~7명이 비정규직이라는 사실은 비정규직 문제가 여성과 밀접하게 연관되어 있음을 보여준다. 여성들이 집중되어 있는 서비스직, 판매직, 단순 노무직은 10명 중 8~9명이 비정규직이다. 이는 여성들이 특정 산업과 직종에 집중 분포되어 있어 여남 간의 직종 분리 현상이 뚜렷하게 나타나고 있고, 그러한 여성 직종을 중심으로 비정규직화되고 있음을 보여주고 있다(장지연, 2001).[3] 즉 비정규직화가 여성 직종을 중심으로 한 현상으로 나타나고 있다.[4]

따라서 비정규직 문제를 접근할 때 이를 단순히 여성과 남성이 함께 겪고 있는 문제만으로 인식하는 데는 한계가 있다. 비정규직 직종 내 여남 간의 성별 분업이 뚜렷하게 나타나고 있고, 여성 집중 직종들이 상당수 비정규직화되고 있는 이유는 우리 사회가 가지는 여성 노동력에 대한 전제 때문이다. 성별 분업과 가족 임금 이데올로기가 바로 그것이다. 여남 간의 성별 분업은 노동 시장 안

2010년 3월에는 49.8%로 하락했다. 이처럼 정규직이 증가하고 비정규직이 감소한 것은, 2007년 7월부터 시행된 비정규직 보호법의 정규직 전환 효과와 경기침체에 따른 비정규직 감소효과 이외에, 상용직 위주로 고용 관행이 변하는 등 여러 요인이 맞물린 결과로 해석된다(김유선, 2010).

3) 비정규직 노동자들은 여성, 서비스업, 그리고 기업 특수적 숙련을 요구하지 않는 직종에 많이 존재한다고 본다(배진한, 2001). 기업의 핵심 업무가 아닌 저학력 단순직을 중심으로 비정규직이 확산되고 있다고 하지만 여성의 경우 반드시 그런 것은 아니다. 여성과 남성의 직업과 직무가 뚜렷하게 구분되는 노동 시장구조에서 여성 비중이 높은 직종·직무에서 비정규직화가 더 빠르게 이뤄진다(장지연, 2001).

4) 미국에서도 여성의 경제 활동 참가율이 빠르게 증가한 1980~90년대에 여성 비정규직의 증가가 동시적으로 나타났다. 이는 노동력 인구의 인구학적 특성, 즉 성별 구성의 변화가 노동 시장 비정규직화의 한 원인인 것으로 해석되고 있다(Spalter-Roth & Hartmann, 1998).

밖으로 여전히 강력하게 작동하고 있다. 자본주의 사회에서 여성의 가사 노동은 교환 가치를 가지고 있지 않기 때문에 제대로 인정받지 못하고 있고, 이러한 여성의 일에 대한 평가 절하는 노동 시장에서의 여성 노동에까지 영향을 끼치고 있다. 시장에서 여성의 일은 여성의 성 역할과 비슷한 일로 간주되어 여성이면 누구나 쉽게 할 수 있는 일로 왜곡, 평가 절하 되고 있다. 게다가 여기에 여성은 가사와 양육을 책임지고, 남성은 가족을 대표해 생계를 책임진다는 가족 임금 이데올로기까지 가세함으로써 시장에서 여성이 수행하는 노동은 생계 보조적인 것으로 인식되고 있다. 그 결과 여성 노동은 산업 예비군처럼 필요에 따라, 즉 경제 상황에 따라 시장 안팎을 넘나드는 부수적인 것으로 여겨지면서 그 가치를 제대로 인정받지 못하고 있다.

　이러한 우리 사회 여성 노동에 대한 성차별적인 인식은 노동 시장 유연화 정책과 맞물리면서 여성의 비정규직화를 만들어내고 있다. 1980년대 후반 신자유주의 이념의 세계적인 확산과 함께 우리나라 기업과 국가에서도 이러한 흐름을 적극적으로 수용해 노동 시장 유연화론을 지지하고 있다.[5] 노동 시장 유연화란 기업의 업무를 핵심 업무와 주변 업무로 이분화해 핵심 업무에는 기능적 유연성을, 주변 업무에 대해서는 외부화, 임시직화를 통한 수량적 유연성을 증대시키는 정책이다. 이 정책이 가지는 가장 큰 문제는 수량적 유연성 제고 대상 노동력이 여성, 고령자, 장애인 등 노동 시장에서 주변적인 위치에 있는 노동 계층이라는 것이다(조순경, 1996). 노동 유연화 정책은

---

[5] 노동 시장 유연화는 국제적인 신고전주의의 부활, 정부 노동 시장 정책과 선두 기업 간의 상호작용의 결과이다(Anna Pollert, 1988).

이미 기존 사회의 성차별성이 전제되어 있는 것으로 여성 노동을 주변 노동으로 인식, 수량적 유연화의 대상으로 삼고 있다.[6] 성별 분업 이데올로기, 가족 임금 이데올로기를 전제로 한 노동 유연화 정책은 여성 비정규직이 성차별적인 구조 속에서 형성되고 유지, 확대되고 있음을 보여주고 있다. 따라서 비정규직 문제는 곧 여성 문제이다.

숙련/비숙련 기준이 되고 있는 정규직/비정규직 고용 형태

자본주의 사회에서 일에 대한 평가는 그 일에 대한 숙련 수준에 대한 평가와 밀접하게 연관되어 있다(강신준, 1998). 그러나 숙련[7]은 대부분 과학적, 객관적인 숙련의 구성 요소, 즉 기술적 구성에 의해 평가되기보다는 사회적 힘의 관계에 의해, 즉 사회적 구성에 의해 평가되고 있다. 숙련이 사회적 구성에 따라 평가된다는 것은 사회의 불평등한 관계가 숙련을 판단하는 기준에 개입함으로써 불평등한 사회적 관계가 재생산된다는 의미이다. 따라서 기술적으로는 숙련직이라고 할지라도 사회적으로 비숙련으로 인지될 때 그

---

6) 월비(Walby)는 젠더에 초점을 맞춰 유연화를 살펴보고 유연화 모델이 성별화 되었다는 것을 드러냈다. 수량적으로 유연한 노동력의 대부분을 여성이 차지한다는 것은 핵심 노동자는 남성 노동자와 일치하고 주변 노동자는 여성 노동자와 일치하는 경향이 있다는 것을 보여준다. 따라서 유연화는 성별화 되어 있다고 할 수 있다(Sylvia Walby, 1997).

7) 숙련은 노동의 종류와 그것을 수행하는 노동자 사이의 차별과 구분을 세우는 과정이다. 남성들의 숙련 노동의 전유 과정은 계급을 형성하는 자본주의 과정이고 젠더 구성(남성 주도, 여성 보조) 과정이다. 남성들은 기술혁신에 따른 위협에 대해 숙련된 기술자로서의 자신들의 정체성을 사용자와 자신들 간의 경계뿐 아니라 비숙련된 남성과 자신들, 젠더 경계로까지 확장했다. 이 과정에서 젠더 관계가 노동 관계에서 재생산된다. 일과 작업장에서 숙련된 노동을 구성하는 기준의 중심에 불평등한 젠더 권력 관계가 있고 이는 계속해서 지속된다(Janson, 1989:148~149).

직무는 비숙련직으로 규정된다(Janson, 1989; Steinberg, 1990; 김미주, 1988; 조순경, 1996). 현재 비정규직화가 빠르게 진행되고 있는 사회 속에서 정규직/비정규직이라는 고용 형태가 그 일에 대한 숙련/비숙련 여부를 결정하는 새로운 기준이 되고 있다.

이제 노동 시장은 '정규직－비정규직'으로 이분화 되어 하나의 신분처럼, 비정규직은 단순·비숙련직으로 인식되고 있고 정규직은 고도의 숙련직으로 인식되고 있다. 그러나 정규직은 숙련직이고 비정규직은 비숙련직이라고 말하기 힘들다. 서구에서는 비정규직이 전문 직종에도 일반적으로 나타나고 있을 뿐 아니라 우리나라에서도 첨단 산업과 연구직과 같은 숙련, 전문 직종에 비정규직이 나타나고 있기 때문이다. 많은 비정규직 연구는 한국 사회에서 나타나고 있는 비정규직화의 경우 단순 직종에 한정해 나타나는 것이 아니라 비용 절감 차원에서 명목적으로 나타나고 있다고 보고 있다. 그러나 비정규직화가 명목적으로 이뤄진다고 할지라도 비정규직에 대해 유통되고 있는 사회적 통념은 비정규직은 단순·비숙련 직종이라는 것이다. 이러한 통념은 기업 측의 비정규직 사용 정당화 논리[8)]에 따라 끊임없이 재생산됨으로써 비정규직은 단순 업무를 하는 이들로 규정되고 인식되고 있다. 이와 같은 비정규직에 대한 통념은 비정규직에 대한 낮은 평가를 가능하게 하고 그 결과 현재

---

8) 사용자 측의 비정규직 사용의 주관적 동기를 살펴본 바에 따르면 '인력 수요 변동 시 인력 조정 용이', '너무 단순한 업무로서 정규직 고용은 비합리적', '낮은 기본급으로 인건비 절감' 등의 순으로 나타나고 있다(김동배·김주일, 2002). 사용자들이 비정규직에 해당하는 계약직, 일용직, 시간제, 파견 근로자, 도급 근로자, 용역 근로자를 활용하는 이유는 업무가 단순 반복적으로 정규직에 맞지 않기 때문이라는 이유가 많다(남성일, 2004).

비정규직화되어 있는 일들에 대한 전체적인 가치 평가 절하를 가져올 수 있다(전명숙, 2000).

비정규직은 단순·비숙련이라는 통념은 곧 여성 노동력에 대한 가치 평가 절하

비정규직 문제가 여성 문제인 가운데 비정규직에 대한 가치 평가 절하는 곧 여성 노동력에 대한 가치 평가 절하와 맥을 같이한다.[9] 많은 여성들은 이제 단지 비정규직이라는 이유로 임금 차별을 비롯한 각종 편견과 차별을 감수해야 한다. 실제로 여성 비정규직에 종사하는 이들은 남성 정규직의 38.7%에 해당하는 임금을 받고 있다.[10] 이와 같은 임금 차별이 가능한 이유는 이들이 비정규직이기 때문이다.[11] 이처럼 여성에 대한 명백한 성차별일지라도 단순·비숙련인 비정규직에 대한 차별이라는 외피를 씀으로써 성차별을 비가시화시키고 있다. 이제 비정규직이라는 고용 형태가 여성 노동에 대한 평가 절하와 각종 편견과 차별을 비가시화시키는 기제로 적극 활용되고 있는 것이다. 비정규직은 단순·비숙련이라는 전제는

---

9) 숙련이 고용 형태와 성별과 밀접하게 연관되어 있음을 알 수 있다. 숙련에 대한 여남 간의 인식 차이에 대한 한 연구에 따르면 여성 파트타임 노동자들은 남성들보다 자신들의 일을 덜 숙련된 것으로 인식하고 심지어 일의 내용도 그렇게 인식한다(Horrell, Rubery & Burchell, 1990).
10) 2004년 남성 정규직을 100%로 볼 때 여성 비정규직 임금은 43%였으나 2010년 38.7%로 성별·고용 형태별 임금격차가 더욱 커졌다(김유선, 2010).
11) 비정규직 고용 형태의 확산이 동일 노동 차별 임금을 더욱 고착화시킬 수 있다. 정규직이 비정규직으로 대체되는 직종의 다수는 여성 직종이기 때문이다. 결국 성별 직종 분리 구조로 인해 정규직과 비정규직 간의 임금 차별은 성에 의한 차별을 심화시킴과 동시에 이러한 차별을 비가시화시키는 기제로 작용하게 된다(조순경, 1996).

많은 여성 직종·직무의 평가 절하를 가져오지만 이 문제는 고용 형태에 따른 차별이라고 인식되고, 마치 성차별의 문제가 아닌 것처럼 얘기된다. 비정규직이라는 고용 형태가 비가시화시키고 있는 성차별의 문제를 드러내기 위해서는 비정규직이 가진 통념에 대해 문제 제기하고 비정규직화된 여성 직종이 실제로 단순·비숙련한지 여부를 살펴봐야 한다.

따라서 고용 형태에 따른 여성 노동에 대한 차별과 평가 절하를 문제 제기하기 위해서는 '비정규직=단순·비숙련'이라고 하는 통념이 타당한지 여부를 살펴볼 필요가 있다. 비정규직에 대한 숱한 논의들이 있지만 대개가 비정규직의 통념에 대해 문제 제기하지 않고 있다. 수량적 차원에서 비정규직의 규모를 추정하고 비정규직의 처우를 드러내지만 실제 비정규직화가 일어나는 맥락과 과정, 절차에 대한 구체적인 분석은 하고 있지 않다. 즉 비정규직의 구체적인 대상들은 누구인지, 어떤 논리 속에서 그렇게 되는지, 그 과정과 논리는 타당한지에 대한 연구는 찾아보기 힘들다.

앞으로 호텔 사례를 통해서 한국 사회에서 나타나고 있는 비정규직화 현황을 살펴보고 비정규직에 대한 통념처럼 여성 비정규직이 과연 단순·비숙련한지를 살펴볼 것이다. 이를 통해 정규직/비정규직이라는 고용 형태가 실제로 현장에서 그 일에 대한 인정, 숙련 정도, 전문성과 밀접하게 연관되어 있음을 보여줌으로써 비정규직이라고 하는 것이 여성 노동을 평가 절하하고 여성차별을 비가시화시키고 있음을 드러낼 것이다.

제2장
한국 기업의 노동 시장 유연화, 비정규직 활용

비정규직에 대한 통념처럼 여성 비정규직 직종이 단순·비숙련한지를 살펴보기 전에 비정규직 통념에 기반한 비정규직에 대한 기존논의들을 살펴 볼 필요가 있다. 비정규직 확대가 어떤 논리 속에서이뤄지고 있는지, 실제 기업 측에서 비정규직을 활용하는 이유는 무엇인지를 볼 것이다. 그리고 비정규직화라고 하는 것이 성 중립적인것이 아니라 성별성을 가지고 나타나고 있다는 것도 함께 볼 것이다.

한국 사회에서 비정규직은 1980년대 후반부터 나타나기 시작했다. 다만 사회 문제로 여겨질 정도로 크게 확대된 것은 1990년대 후반 IMF 경제 위기를 겪으면서부터이다. 비정규직에 대한 연구 또한 IMF이후 2000년대에 와서 활발하게 이뤄지고 있다. 그러나 비정규직 문제는 주목을 받지 못했을 뿐이지 1990년대 초부터 여성 직종을 중심으로 지속적으로 확대되어 왔다. 초기의 비정규직 연구는 비정규직에 대한 정의와 규모 추정에 관한 것이었다. 그리고 이후 비정규직증가의 원인이 무엇인가에 대한 연구들이 공급, 수요, 제도적 측면에서 다양하게 이뤄지고 있다. 비정규직 원인을 무엇으로 보느냐는 곧 비정규직 해결책과 연결되는 문제이기 때문에 비정규직의 원인과 해결책에 대한 다양한 논의가 이뤄지고 있다. 비정규직 증가의 원인에 대해서는 대부분의 연구들이 수요(기업) 측 요인이 크다고 보고 있다. 바로 기업들이 경제 위기를 맞아 비용 절감과 고용 유연성을 이유로 비정규직을 크게 확대했다고 보는 것이다.

이처럼 비정규직의 증가 원인으로 기업 측의 전략을 꼽는다. 따라서 기업 측의 전략을 살펴보기 위해 그 이론적 근거가 되는 노동 시장 유연화론을 살펴보고, 기업 측에서 이 이론을 어떻게 수용하고 있고, 어떤 논리를 가지고 현실에서 활용하고 있는지를 좀 더 자세히 살펴볼 것이다.

노동 시장 유연화, 핵심/비핵심 업무 가르기

노동 시장의 유연성이란 노동 시장의 환경이나 내부 조건의 변화에 따라 유연하게 적응하여 변화할 수 있는 노동 시장의 대응 능력을 의미하며, 노동 시장의 유연화란 이러한 유연성을 제고하기 위한 정책 방향과 수단을 포괄하는 개념이라고 규정할 수 있다.[1]

노동 시장 유연화는 주요 선진국을 중심으로 1980년대 이후 대두하기 시작했고, 이러한 변화의 배경에는 전통적인 포드주의 대량

---

1) 상품 시장을 비롯해 각종 경제 환경이나 기술 토대의 변화 등에 의해 노동 시장의 환경이나 여건이 달라질 때 경제적 효율성이 유지되기 위해서는 노동 시장이 이러한 변화에 유연하게 적응해 변화될 필요가 있다. 그러므로 노동 시장의 유연화는 일차적으로 경제적 효율성을 유지 또는 제고하기 위한 정책 목표 또는 지향점을 갖는 정책적 개념이라 할 수 있다 (OECD, 1986; ILO, 1999; 김장호, 2003 재인용).

생산 체제의 붕괴가 맞물려 있다. 21세기에 가까워지면서 정보화, 세계화의 진전으로 상품의 수명 주기가 단축되고 경쟁 구도가 확대, 심화됨에 따라 선진국을 중심으로 생산 방식이 경직적인 포드주의 대량 생산 체제에서 보다 유연한 생산 체제로 전환되고 있다. 이러한 생산 방식의 전환은 필연적으로 노동 시장의 유연화를 요구하게 되고, 이에 따라 통상적인 정규직과 구분되는 보다 유연하고 탄력적인 고용 형태가 대두하게 되었다. 따라서 정규직 중심의 고용 모델이 파괴되고 비공식적 고용이 증가함으로써 노동력은 상용직의 핵심군과 임시 일용직의 주변군으로 이분화되고 있다.

기업은 외부 환경 변화에 대응하기 위해 노동력 특성에 따라 차별적인 유연화 전략을 채택하고 있다. 기업 내부 노동 시장은 숙련 ·핵심 노동자를 중심으로 기능적 유연성을 취하고 기업 외부 노동 시장은 주변 노동력을 중심으로 인건비 절감을 위해 수량적 유연성을 취하는 것이다.[2] 즉 노동 시장 유연화는 핵심 업무에는 기

2) 노동 시장 유연화론에 가장 큰 영향을 끼친 것은 앳킨슨의 유연 기업과 유연 고용 전략 모델이다. 기업은 경제의 불안정성과 불예측적 수요 변화에 대응해 고용량을 조절하는 수량적 유연성과 노동력의 직무 배치를 자유로이 조절할 수 있는 능력, 즉 직무의 재조직화 능력인 기능적 유연성을 필요로 한다. 이러한 서로 다른 유연성에 대응해 기업은 노동력을 핵심과 주변부, 외부화로 구분하고 핵심 인력은 가장 핵심적이고 중요한 주체이며 남자, 전일제, 상용근로, 장기근속자 등 회사가 외부로부터 고용할 수 없는 기술을 가진 인력을, 주변부 인력은 반복적이고 기계적인 업무를 담당하며 여성, 시간제 근로, 임시 근로 등 짧은 근속 기간과 외부로부터 채용 가능한 기술을 보유하는 인력을 활용한다. 주변부 인력이 존재하는 이유는 핵심 인력을 보호해주는 충격 완화 판 역할을 위한 것으로 일정 정도의 비정규직 근로는 필수 불가결한 것이라고 본다.
    앳킨슨은 유연화의 4가지 형태를 제시하고 있다. ① 수량적 유연화, 노동 수요에 대한 시기적 변동에 따라 노동 투입 수준을 변화시킨다. ② 기능적 유연화, 노동자의 다재다능한 능력을 개발한다. ③ 외주전략, 다른

능적 유연성을, 주변적 업무에는 수량적 유연성을 추구하는 정책이다. 기능적 유연성이란 기업 내적 유연성으로 근로자가 여러 능력과 지식을 갖추고 생산 변화에 대응하는 것을 말한다. 수량적 유연성이란 기업 외적 유연성으로 외주 하청, 파견 근로, 임시직, 시간제 고용 등과 같이 근로자의 수를 조절해 생산 변화에 대처하는 전략을 말한다(어수봉, 1997; 김장호, 2003; 김동배 외, 2004).[3]

한국에서도 1980년대 후반부터 두드러지게 나타나는 고용 구조 변화를 기업의 노동 시장 유연성 추구라는 관점에서 해석하고 선진국의 노동 시장 유연화론을 적극 수용해오고 있다. 1990년대 들어서면서 국가의 노동 정책[4]의 하나로 수용되어 현재에 이르고 있다. 현재 한국의 비정규직 문제는 바로 노동 시장 유연화 정책의 일환으로 수량적 유연화[5]에 따른 결과라고 할 수 있다. 그리고 비

조직과의 상업적 계약을 통해 고용 관계를 바꾼다. ④ 임금 유연화, 앞의 3가지 종류의 유연화를 강화하기 위해서 사용한다. 예를 들어 숙련 노동자에게 높은 임금을 주는 것이다(Atkinson, 1984; Paul Bagguley, 1990; 어수봉, 1997; 김대일, 2002; 김장호, 2003; 김주일, 2003; 김동배, 2004).
3) 조순경(1996)은 이러한 노동 유연화 전략이 다음과 같은 4가지를 전제하고 있다고 보고 있다. ① 주변적 업무의 생산성은 노동자의 경력과 무관하게 변함이 없다. ② 노동자의 귀속감, 근로 조건은 생산 공정 기술이 동일할 경우 주변적 업무의 생산성에 별 영향을 미치지 않는다. ③ 주변적 노동력의 대다수를 구성하는 여성은 가정과 직장의 이중 노동을 수행해야 한다. ④ 대다수의 여성은 노인·장애인 등과 마찬가지로 훈련·교육·경력의 축적 등을 통해서 다기능을 습득할 수 없거나 그를 통해 핵심 노동력화 될 수 없다.
4) 경제 위기 이후 노동 시장의 수량적 유연성을 제고하기 위하여 정리 해고 제도, 근로자 파견제도, 변형 근로 시간제 등을 도입했다.
5) 수량적 유연화란 기업이 내부 노동 시장에 통합할 필요성이 없는 직무(혹은 근로자), 소위 주변적 업무에 대해서 외부화 전략을 추구하는 것을 말한다. 아웃소싱이 외부화 전략에 해당하는데, 외부화 전략은 크게 2가지 형태로 나타난다. ① 특정 업무를 외부화하는 것이다. 전통적인 외주 하

정규직이 사회적인 문제로 부각되고 있는 가운데 노동 시장 유연화는 필수 불가결한 것으로 비정규직의 필요성은 당연시되고 있다.

비정규직 활용 이유에 대한 논의들

노동 시장 유연화 모델이 한국 상황에서 어떻게 비정규직 확대와 차별을 정당화하는 데 사용되고 있는지는 기업(수요 측)의 비정규직 활용 전략을 통해서 알 수 있다. 기업의 비정규직 활용 원인은 이론적인 차원과 현실적인 차원으로 나뉜다.

이론적인 차원에서의 기업의 비정규직 활용 원인을 살펴보면 크게 인사 관리와 경제 원리 측면에서 설명되고 있다. 경제 원리 측면에서는 '거래 비용의 최소화'[6]로, 경영 측면에서는 기업 인사 전략 차원에서 '주변-핵심 인사 관리'나 '전략적인 인사 관리' 등으로 설명[7]하고 있다. 기업은 인력의 유연성을 제고하기 위한 목적으

청이 그 대표적 예이다. 공장 내 하청이나 용역 혹은 파견 노동의 활용이 여기에 해당한다. ② 고용 형태의 다양화 전략으로 과거 상용 근로계약을 비정규 근로 계약으로 전환하는 것이다. 임시직, 계약직, 시간제 취업, 촉탁 등이 여기에 해당한다.

6) 기업의 비정규직 활용 원리는 '거래 비용의 최소화'라는 경제원리에 따른 것으로 육성형은 정규직으로, 시장형은 비정규직으로 고용한다(남성일, 2004).

7) 인사 전략 차원에서 비정규직화의 원인은 유연 기업론으로 대변되는 '핵심-주변부' 인력 구조 전략과 전략적 인력 구조 전략으로 설명되고 있다. '핵심-주변부' 인력 구조 전략은 앳킨슨의 유연 기업을 모델로 한 것으로 핵심과 주변부 인력을 구분해 차별적인 유연성 전략을 채택해야 한다는 것이다. 전략적 인력 구조 전략은 기업의 경쟁력 제고 차원(육성형)이나 비용 효과 측면(시장형)에서 상황에 따라 비정규직을 활용하는 전략이다. 기업이 저가 전략이나 단기 이익을 추구하는 경우에는 시장형 인사 전략을, 반면 차별화 경쟁 전략을 채택하는 경우에는 육성형 인사 관리를 채택하는 것이 합리적이라고 본다(김동배·김주일, 2002; 김주일,

로 노동력을 핵심 인력과 주변부 인력으로 이분화해 핵심 노동력은 정규직으로, 주변 노동력은 비정규직으로 활용하는 이중적인 전략을 가지고 있다.8) 이러한 전략은 비정규직을 활용해 외부 환경변화에 인력이 신속하고도 효율적으로 대응하도록 노동력 특성에 따라 차별적인 유연성 전략을 채택하기 위함이다. 그러나 현실적인 차원에서 기업의 비정규직 활용 원인은 비용 절감이라고 하는 측면이 강하다. 이러한 결과는 기업 측의 비정규직에 대한 연구에서도 마찬가지로 나타난다. 기업 측은 한국의 노동 시장 유연화가 제대로 이뤄지고 있지 않다고 분석하고, 이는 단기 비용 절감 측면에서 수량적 유연성만을 증대시킨 결과라고 보고 있다. 이처럼 기업의 비정규직 활용은 이론적으로는 인력의 유연성 추구를 말하지만 현실적으로는 단기 비용 절감 차원에서 이뤄지고 있다.

2003). 기업 경쟁력 제고 차원(육성형)에서는 핵심 역량이 아니라면 고용 외부화를 추진하는 것이 효과적이라고 보고 있다. 육성형 전략에 토대를 두고 있는 것이 바로 '아웃소싱' 전략이다.

8) 많은 기업에서 인력 관리 전략으로 핵심 인력과 주변 인력을 구분해(중심·주변 내부 노동 시장 모형) 차별적인 대응을 강구하는 내부 인력의 이중화 전략을 사용하고 있다. 이러한 전략은 주로 기업이 고용의 수량적 유연성을 제고하기 위한 목적으로 추진되고 있다. 정규직은 가급적 축소하고 그 대신 필요한 노동력은 주로 비정규직으로 충원함에 따라 이중화가 심화되고 있다. 이러한 이중화는 분배 구조를 악화시킬 뿐 아니라 노동 시장의 분단화와 양극화를 심화시켜 사회 통합을 저해할 수 있다. 따라서 한국의 내부 노동 시장의 이중화 전략은 노동 시장의 유연화에 기여하기보다는 오히려 정규직 노동 시장으로의 진입이 어려운 하위 단층의 확대에 기여한다(김장호, 2003).

노동 시장 유연화론이 한국 사회에 적용되는 과정에서 정규직은 핵심 숙련 업무, 비정규직은 주변 단순 업무라는 새로운 고정관념 생산

노동 시장 유연화라고 하는 것이 인력의 유연성과는 별개로 단기 비용 절감 차원에서 이뤄지고 있는 상황 속에서 기업 측은 비정규직 사용을 정당화하는 논리를 생산해내고 있다. 비정규직 정당화 논리는 기업을 대상으로 한 비정규직 활용 원인에 대한 실태조사 등에서 잘 드러난다. 기업이 비정규직을 활용하는 원인은 인력의 유연성, 단순 업무, 비용 절감 순으로 나타난다(남성일, 2004; 김동배·김주일, 2002). 즉 기업은 인력의 유연성을 추구하기 위해 단순 업무를 위주로 하는 비용 절감 차원의 비정규직 활용을 하고 있다. 그리고 기업 측은 비정규직에 대한 차별이 가능한 이유를 비정규직의 인건비 대비 생산성이 정규직에 비해 낮기 때문에9) 이들에 대한 처우가 정규직보다 낮다 해도 불합리한 것이 아니라고 본다(남성일, 2004; 김대일, 2002). 이처럼 기업 측은 비정규직을 단순한 업무를 하는 저임 직종으로 비생산적이라고 인식하고 있다.

이와 같은 기업의 논리는 한국 사회에서의 비정규직은 단순 업무에 한해서 활용되고 있다는 것으로 비정규직 사용을 정당화하고

---

9) 비정규직이 생산성과 비용 효과성이 떨어진다는 담론은 비정규직이 정규직보다 생산성이 떨어지기 때문에 정규직을 사용하는 것이 더 낫다는 것을 강조함으로써 비정규직 사용을 제한하고자 하는 측면에서 긍정적으로 사용되기도 하였다. 그러나 우리나라에서는 이러한 논리가 오히려 비정규직에 대한 잘못된 새로운 고정관념들을 생산해내고 있다. 비정규직의 생산성 저하 등에 대한 연구 결과는 오히려 사측의 비정규직 사용의 정당화 논리가 되고 있다. 외국의 비규직 생산성과 관련된 연구 결과는 한국과의 비정규직 조건이 다르다는 것이 전혀 고려되지 않은 상태에서 수용되어 비정규직에 대한 갖가지 오해를 만들어내고 있다.

있다. 기업의 비정규직 정당화 논리를 통해서 알 수 있는 것은 노동 시장 유연화론이 한국 사회에 적용되는 과정에서 정규직과 비정규직에 대한 새로운 고정관념이 나타나고 있다는 것이다. 기업의 핵심/주변 업무(인력)에 대한 이분화를 전제로 한 노동 시장 유연화론은 한국 사회에서 적용되는 과정에 정규직은 핵심 숙련 업무이고 비정규직은 주변의 단순 업무라는 고용 형태에 따른 새로운 숙련 기준을 만들어내고 있다.

비정규직이 단순한 업무로 저임·비숙련 직종이라는 인식은 기업 측의 연구 외에도 국내 대다수 비정규직 연구에서도 나타난다. 한국 사회에서 나타나고 있는 비정규직의 성격이 가교인지(잠정적인지) 함정인지 여부와 관련한 논의에서 함정의 성격이 강하다는 연구 결과들이 많다. 이는 비정규직에 종사하는 이들이 주로 취약 계층으로 분류되는 사람들로 낮은 직무 능력이나 기능을 요구하는 곳에 치중되어 있어 비정규직에 종사하게 되면 저임금으로 인해 쉽게 사회 취약 계층으로 전락할 가능성이 크고 이것이 굴레가 되어 비정규직을 벗어나기가 매우 어려워진다고 보기 때문이다. 이는 한국 사회에서 비정규직의 주요한 대상이 누구이며, 비정규직화는 곧 사회 취약 계층화라는 것을 의미한다. 그리고 실제로도 비정규직 직종은 주로 사회의 저임·비숙련 직종으로 간주되는 곳에 집중되어 나타나고 있다. 비정규직은 '단순 노무직'과 '기능원 및 관련 기능 근로자', '서비스 근로자 및 상점과 시장 판매 근로자'에 종사하는 근로자들의 비중이 높고 이들이 비정규직의 70%를 차지한다. 이러한 연구 결과들에서 비정규직은 상대적으로 낮은 수준의 직무 능력이나 기능을 요구하는 직종으로 파악되고 있다. 그리고 비정규직 연구자들의 비정규직에 대한 기본 전제도 이를 바탕으로 하고 있음을 잘 보여주고 있다. 많은 연구들이 정규직이 담당하는 직무는 상대적으로 고기능이, 비정규직이 담당하는 직무는 저기능이 요구되는 것을 전제로 해 연구하고 있다(남재량·김태기, 2000; 배진한, 2001; 김장호, 2003; 김대일, 2002; 채구묵, 2003).

비정규직화의 성별성

최근 고용 형태의 특징은 IMF 기간 동안 정규직의 빠른 감소와 함께 비정규직의 증가로 설명된다. 이러한 대체 현상은 모든 직무에 나타나는 것이 아니라 저기능·저임 근로자에 집중해 나타나고 있다. 앞에서도 살펴보았듯이 비정규직은 저임·비숙련 직종이라고 간주되어 있는 곳에 집중되어 나타나고 있다. 그 결과 여성, 고령자, 장애인 등 이미 현재 노동 시장에서 주변적 위치에 있는 이들이나 서비스업 종사자, 단순 노무 종사자, 건설 노동자 등이 비정규직에 고용될 가능성이 높다(조순경, 1996; 채구묵, 2003). 실제 비정규직이 나타나는 양상에 있어 여남 간의 차이가 뚜렷하다. 여성 비정규직 비율(69.2%)이 남성(46.4%)보다 높게 나타나고 있는 가운데(김유선, 2004) 기존에 상용직이었던 여성들의 80%가 임시 일용직(비정규직)으로 전환되었고(조순경, 2000), 여성 집중 직종을 중심으로 비정규직화가 진행되고 있다(장지연, 2001). 이와 같은 비정규직화의 성별성은 한국 사회에서 비정규직 고용 차별이 성별에 따라 큰 차이가 있으며 성별이 비정규직 고용에 가장 결정적인 영향을 미친다는 연구 결과를 통해서도 잘 드러난다(채구묵,

2003).[10] 따라서 우리나라에서는 성별적 요인이 비정규직화의 요인으로 크게 작동하고 있음을 알 수 있다.

노동 시장 유연화론이 적용되는 과정에서 각 나라의 노동 시장 조건에 따라 다양한 양상이 나타나고 있다. 그러나 대부분의 나라에서 유연화는 여성을 수량적 유연화의 대상으로 삼는 유사한 결과를 보인다. 한국의 비정규직화라고 하는 것이 여성 노동력의 비정규직화(여성 직종의 비정규직화)라면 서구에서 나타나는 비정규직의 문제는 여성 노동력의 시간제(part-time, 파트타임) 노동자화이다.[11] 서구에서도 노동 유연화가 적용되는 과정에서 핵심 노동자는 남성 노동자와 일치하고 주변 노동자는 여성 노동자와 일치함으로써 유연화가 성별화되는 방식으로 작동하고 있다(Walby, 1997).

여성 노동력의 비정규직화 현상은 비정규직에 대한 인식과 여성 노동력에 대한 인식이 맥을 같이 한다는 것을 의미한다. 비정규직은 저임·비숙련 직종이라는 인식과 여성 노동력은 주변 노동력으

---

10) 여성의 비정규직화는 IMF 경제 위기를 기점으로 2가지 양상으로 나타난다. 1990년대 여성의 높은 경제 활동 참가는 임시, 일용직 비율 증가로 이어졌고(금재호, 2000), IMF 이후 단기 비용 절감에 따른 비정규직 증가는 기존 정규직을 임시직으로, 이미 비정규직화되었던 임시직 여성을 고용이 더욱 불안정한 일용직으로 전환했다(채구묵, 2003). 경제 위기 이후에 이러한 변화가 나타난 데는 비정규직 내부에도 다양한 층위가 존재하기 때문이다. 상대적으로 기능 수준이 높다고 간주되는 산업, 직종 등에서는 정규직이 감소할 때 임시직으로 대체되는 경향이 높게 나타나는 데 반해 저 기능, 저임금 근로자로 간주되는 직종은 정규직이 일용직으로 대체되는 경향을 보인다(최경수, 1999; 김대일, 2002)

11) 미국의 경우 임시직의 2/3 이상을, 파트타임의 약 2/3를 여성이 차지하고 있고(Saplter-Roth & Hartman, 1998), 영국은 파트타임 여성비율이 남성보다 4배나 높다(Walby, 1997). 그리고 이러한 풀타임과 파트타임이라고 하는 고용 형태 차이는 임금과 노동 조건을 차별하는 중요한 기준으로 작동하고 있다(Hakim, 1987; Bagguley, 1990 재인용).

로 저임·비숙련 노동자라는 인식이 일치하기 때문이다. 여성 노동의 비정규직화는 비정규직에 대한 부정적인 인식으로 인해 비정규직화된 여성 노동력을 저임·비숙련 노동자화 함으로써 여성 노동력에 대한 저평가로 이어진다. 그리고 여성 노동력에 대한 저평가는 다시 비정규직의 주요한 대상이 되게 하는 순환 구조를 형성한다. 이러한 악순환을 끊기 위해서는 비정규직과 여성 노동력에 대한 인식이 실제로 그렇지 않다는 것을 밝힘으로써 가능하다. 따라서 2부와 3부에서는 비정규직이 단순 업무라는 통념을 깨면서 비정규직에 대한 잘못된 통념이 여성 노동력을 평가 절하할 뿐만 아니라 여성에 대한 각종 차별을 고용 형태에 따른 차별로 비가시화시키는 기제로 활용되고 있다는 것을 드러낼 것이다.[12]

---

12) 장지연(2001)은 여성 비정규직화가 나타나고 있는 이유를 성별 직종 분리와 직무 분리, 이를 기반으로 한 여성 노동력에 대한 저평가로 보고 있다. 조순경(1996)은 비정규직화가 여성 노동력의 전면적인 주변 노동력화와 성별 분업 구조의 재생산을 낳는다고 보고 있다. 즉 정규직이 비정규직으로 대체되는 직종의 다수는 여성 직종이라는 점을 지적하면서 성별 직종 분리 구조로 인한 정규직과 비정규직 간의 임금 차별은 성에 의한 차별을 심화시킴과 동시에 이러한 차별을 비가시화시키는 기제로 작용한다고 본다.

제3장

참여관찰을 통한 비정규직과 정규직 비교

참여관찰을 통한 자료 수집과 비교 연구를 통한 자료 분석

이 책이 비정규직 연구에서 가지는 방법론적인 의의는 기존 문헌과 양적 방법론을 사용하지 않고, 참여관찰법과 심층면접법을 통한 질적 연구 방법을 택했다는 것이다. 비정규직에 관한 각종 연구들은 외국의 비정규직 논의(문헌 연구)와 설문조사를 통한 연구가 대다수이다. 이러한 연구 방법을 토대로 한 연구들은 비정규직이 저임·비숙련 직종으로 여성을 포함한 사회의 주변 인력을 대상으로 한다는 것을 전제로 하고 있다. 비정규직에 대한 기존 연구들이 이러한 비정규직은 단순·비숙련하다는 전제에 대해 전혀 문제 제기하지 않은 상태에서 연구 문제를 설정하고, 이를 기반으로 문헌 연구나 설문조사 등과 같은 방법을 택했다고 할 수 있다. 제대로 된 심층면접과 참여관찰법을 연구 방법으로 선택했다면 적어도 한국에서 나타나고 있는 비정규직의 특성을 인지하고 비정규직이 가지고 있는 단순·비숙련하다는 전제에 대해 문제를 제기할 수 있었을 것이다. 여기에 기존 연구의 방법론적인 한계가 있다고 할 수 있다.

따라서 이 책에서는 연구 방법으로 참여관찰법과 심층면접법을 통한 질적 연구 방법을 택했다. 주로 참여관찰법을 사용했고, 보조적인 차원에서 심층면접법을 사용했다. 심층면접은 참여관찰에 들어가기 전 호텔 현황 파악 차원과 참여관찰이 가질 수 있는 한계를 보충하는 차원에서 이뤄졌다.

여성 비정규직 문제를 다루는 데 있어 참여관찰이 유용한 이유는 다음과 같다.

첫째, 단순·비숙련 노동으로 저평가되는 여성 노동의 숙련 수준을 검토하는 연구이기 때문이다. 노동 시장에서의 여성 노동은 여성성의 발현이나 가사 노동의 연장으로 간주되고 있다. 이러한 인식은 여성들이 실제로 어떤 노동을 수행하고 있는지를 비가시화시킴으로써 여성 노동을 여성이면 누구나 쉽게 할 수 있는 일로 왜곡, 평가 절하하고 있다. 이처럼 사회적으로 왜곡되고 평가 절하된 여성 노동의 실재에 접근하는 가장 적절한 방법은 실제 작업 현장에 근거한 여성의 노동 경험을 통해서이고, 이는 직접 노동 과정을 경험할 수 있는 참여관찰법을 통해서 가능하다. 이 책의 연구 대상인 호텔 여성 비정규직(룸 메이드)은 단순 노무직에 해당하는, 숙련 수준이 낮은 일로 간주되고 있다. 따라서 여성 비정규직의 숙련 수준을 평가하기 위해서는 직접 그 일을 경험해봄으로써 그 일이 어떤 내용과 숙련도를 가지고 있는지를 드러내는 참여관찰법이 적절하다.

둘째, 다른 연구 방법들이 가질 수 있는 한계를 극복할 수 있다.

문헌 연구나 설문조사 방법과 같은 양적 연구 방법은 그 일에 대한 사회적 평가에 대한 문제를 제기하기보다는 사회 통념이 반영된 평가를 그대로 수용한 상태에서 연구를 시작한다는 한계가 있다. 그리고 질적 연구 방법에 해당하는 심층면접법 역시 한계를 가진다. 필자는 노동 과정을 자세히 살펴보기 위해서 참여관찰에 들어가기 전에 여러 번에 걸쳐 호텔 여성 비정규직(룸 메이드)을 심층면접했다. 그러나 심층면접만으로는 호텔이라는 작업장의 특징, 호텔에서 차지하는 객실 관리부서의 위치, 객실 관리부서에서 이뤄지는 룸 메이드 업무의 중요성 등을 비롯한 전체적인 그림이 그려지지 않았고, 그 결과 룸 메이드 업무가 호텔에서 얼마나 중요한 일인지를 평가하기 어려웠다.[1] 특히 모든 노동자들이 자신의 일을 중요하고 숙련이 필요한 것으로 설명하기 때문에 그 일을 평가하기 위한 객관성 확보가 어렵다. 참여관찰은 직접 일을 경험해봄으로써 노동자의 시각과 관찰자의 시각을 함께 가지는 것으로 노동 과정에 대한 구체적이고 객관적인 정보를 얻을 수 있다. 실제로 참여관찰을 하면서 심층면접을 통해 룸 메이드가 제공했던 정보가 제한적이었다는 점과 필자 또한 그 정보를 제한적으로 받아들였다는 것을 알게 되었다.

참여관찰법과 심층면접법 외에 보조적으로 문헌 연구를 함께 했다. 참여관찰 과정에는 A호텔에 관한 문헌 자료를 구하는 것이 극히 제한되어 있었고, 특히 A호텔의 인사에 관한 정확한 정보나 자

---

[1] 심층면접을 할 때 필요한 정보를 제공해줄 수 있는 다양한 면접 대상자들을 구할 수 있다면 다각도에서의 심층면접을 통해서도 충분히 가능할 것이다. 그러나 필자는 한국 기업의 폐쇄성으로 인해 그러한 충분한 정보를 제공해줄 만한 면접 대상자들을 구할 수 없었다.

료는 거의 구할 수가 없었다. 따라서 A호텔과 관련한 각종 자료를 수집하고, 호텔 업계의 동향 등을 파악하기 위한 관련 자료와 문헌 (정기간행물, 호텔 관련 문헌) 등을 이용했다.

참여관찰을 주로 하는 연구 방법이 자료를 수집하는 차원에서의 연구 방법이었다고 한다면 자료를 분석하기 위해 본문에서 사용한 연구 방법은 비교 연구 방법이다. 해당 일의 숙련 수준과 상관없이 정규직/비정규직이라는 고용 형태가 숙련의 기준이 되고 있는 현실을 드러내기 위해서는 고용 형태가 다른 정규직과 비정규직의 숙련 수준을 비교해야만 가능하다. 이미 사회적으로 저평가된 여성 비정규직만의 숙련 수준을 드러내서는 고용 형태에 따라 숙련이 결정된다는 것을 드러내는 데 한계가 있다. 따라서 이 책에서는 자료를 분석하는 연구 방법으로 비교 연구 방법을 사용하였다.

참여관찰 과정

필자가 참여관찰을 한 곳은 A호텔의 객실 관리부서이다. 객실 관리부서는 호텔에서 기혼 여성의 비율이 가장 높은 곳으로 현재 아웃소싱(비정규직화)의 주요 대상이 되고 있는 '룸 메이드'가 속해 있는 곳이다. 많은 호텔의 경우 객실 관리부서 전체가 아웃소싱되기보다는 룸 메이드와 같은 여성 직종 위주로 아웃소싱되고 있는 양상을 보이고 있다. 따라서 객실 관리부서는 비정규직의 주요한 대상이 누구이며, 비정규직화 과정은 어떠했는지를 알 수 있는 곳이다. 그리고 정규직과 비정규직이 공존하고 있어 고용 형태에 따른 숙련 수준을 비교하기에 적절한 곳이다.

정규직/비정규직이라는 고용 형태가 숙련/비숙련을 결정하는 기준이 되고 있는 현실 속에서 비정규직은 단순·비숙련이라는 통념이 실제로 타당한지 여부를 드러내기 위해 여성 직종(룸 메이드)이 아웃소싱된 호텔을 대상으로 참여관찰이 가능한 곳을 찾아보았다. 처음에는 공식적으로 호텔 노조 측과 인사 담당자에게 참여관찰이 가능한지를 문의했다. 그러나 여성학과 대학원생이, 그것도 아웃소싱된 룸 메이드 직종을 참여관찰한다는 것은 노조와 인사 쪽 사람들을 불편하게 했다.[2] 모두들 일관되게 보였던 반응은 이미 아웃소싱된 객실 정비 업무는 호텔 소속이 아니라 용역 업체 소속으로 정규직 노조에서, 호텔 인사부에서 어떻게 할 수 있는 문제가 아니라는 것이었다. 그러나 막상 용역 업체가 자율적으로 참여관찰을 결정할 수 있는 권한을 가진 것도 아니었다.[3] 결국 공식적인 방법 대신에 연구 사실을 숨기고 참여관찰하는 비공식적인 방법을 택했다. 필자는 주변 인맥을 통해 A호텔 객실 관리부서의 실습생[4]으로 들어가게 되었다.

---

2) 여기서 공식적이라 함은 연구를 한다는 것을 밝히는 정도였다. 구체적으로 필자가 어떤 연구를 할 것이라는 것은 말하지 않았다. 그럼에도 불구하고 공식적으로 참여관찰이 가능하지 않았다. 노조는 룸 메이드의 아웃소싱에 대해 암묵적인 동의를 했기 때문에 일정 정도 책임이 있어 회피했다. 그리고 한국의 기업 경영은 상당한 폐쇄성을 가지고 있어 경영이나 호텔 관련 학과가 아닌 경우의 연구에 대해서는 기피하고 있었다.

3) 전국여성노조 서울지부장의 말에 따르면 용역 업체는 호텔과 대등한 협력 관계에 있는 것이 아니라 호텔에 종속된 관계를 맺고 있다.

4) 호텔은 방학 때마다 호텔 관련 학과 학생들을 실습생으로 쓰고 있었다. 학교와 연계해서 하는 것으로 근태가 모두 체크되고 실습 일지를 기록해서 학교에 제출해야 한다. 이들은 보통 한 달 동안 실습하며 5만 원에서 10만 원 정도의 실습비를 받는다.

참여관찰은 2004년 12월 20일부터 2005년 1월 19일까지 한 달 동안 이뤄졌다. 이 기간은 성수기로 호텔이 한창 바쁜 시기였다.

처음 2주 동안(12월 20일~12월 31일)은 객실 관리부서의 정규직이 근무하는 주문 전달실(주문 전달자, 층 지원자)에 근무하면서 주문 전달자와 층 지원자 업무를 직접 경험했다. 이 기간 동안 주문 전달실의 역할과 주문 전달자, 층 지원자의 구체적인 업무와 노동 특성을 살펴보았다. 나머지 2주 동안(1월 2일~1월 15일)은 객실 관리부서의 비정규직이 근무하는 객실 정비팀(룸 메이드, 점검원)에서 룸 메이드와 점검원을 직접 경험했다. 1월 2일부터 11일까지는 룸 메이드 업무인 객실 정비를 했다. 필자는 제대로 훈련받은 '한 몫'[5]의 인력이 아니다보니 보조적인 차원에서 객실 관리 과장이 짜준 매일 매일의 스케줄에 따라 층을 옮겨 다니면서 일을 했다. 따라서 호텔 각 층을 모두 경험했고 그 결과 층에 따른 특성이나 인력 배치 현황 등을 전체적으로 파악할 수 있었다.

객실 정비의 경우 새로 들어온 신입을 교육시키는 방법은 객실 개수를 점차적으로 늘려나가는 것이다. 첫째 날은 청소하는 법을 배우고, 직접 혼자서 객실 하나를 정비하고, 남은 시간에는 다른 분들을 도왔다. 둘째 날은 객실 3개를 정비하고, 셋째 날에는 객실 4개를 정비했다. 객실 4개를 정비한 날은 현장을 잘 살피기 어려울 정도로 일에 치였다. 그러다보니 다른 룸 메이드를 만나 정보를 얻기 힘든 문제가 발생했다. 일반적인 신입 교육 훈련처럼 방 개수를 늘려나갈 경우 객실을 정비하느라 현장 참여관찰이 제대로 이뤄지

---

5) 객실 정비에서 사용하는 용어다. '한 몫'이라 함은 메이드 1인에게 할당된 방 12개를 청소한다는 의미이다.

지 않을 듯해 객실 정비 과장에게 객실 3개만 정비하고 싶다고 의사를 밝혔다. 그 이후에는 정기적으로 객실 3개를 정비하면서 남은 시간에는 다른 분들을 도우면서 객실 정비와 관련한 각종 정보를 얻었다.

1월 12일부터 15일까지는 점검원 교육을 받으면서 직접 객실을 점검했다. 객실 정비팀에서 일한 2주 동안 객실 정비팀이 객실 관리부서에서 차지하는 중요성, 주문 전달실과의 관계, 룸 메이드/점검원의 구체적인 업무와 각각의 노동 특성에 대해 자세히 관찰할 수 있었다. 1월 17일은 객실 관리부서의 린넨/유니폼실에서 직접 린넨 등을 분류하는 일을 했다. 그리고 1월 18일부터 19일 이틀간은 다시 주문 전달실에 근무하면서 이전에 중요하게 생각하지 않아 놓쳤던 부분을 좀 더 자세히 살펴보았다.

참여관찰 초기의 계획은 일을 하면서 형성된 친밀감을 토대로 심층면접을 같이 해 나가는 것이었다. 그러나 객실 정비의 경우 동료들을 마주할 시간이 없어 친밀감 형성의 어려움이 생겼다. 객실 정비팀은 매일 일을 하는 호텔 층이 다르게 배정되고, 각자 할당된 객실에서 고립되어 일을 한다. 그리고 하루 12개 객실로 객실 하나당 30분을 기준으로 설정해 놓은 작업 시간이 있기 때문에 다른 동료들과 함께 이야기를 나누거나 쉰다는 것은 어려운 일이다. 어떤 이는 일이 많다보니 물어보는 것을 짜증내기도 했다. 점심시간도 일률적으로 정해진 것이 아니라 오후 12시에서 오후 2시 사이에 본인의 업무 스케줄에 따라 아무 때나 가서 먹으면 되기에 친밀감 형성을 비롯해 각종 정보를 얻기가 더욱 어려웠다. 그리고 퇴근 이후에도 대개가 기혼 여성들이다보니 집에 가서 가족을 돌

보고 살림을 해야 하는 형편이라 따로 시간을 내 친밀감을 형성한다는 것도 여의치가 않았다.

이처럼 객실 정비 업무의 성격상 일을 하는 기간 동안 친밀감 형성이 쉽지 않았다. 게다가 필자가 비공식적으로 참여관찰을 했기 때문에 심층면접 대상을 선정하는 데 있어 많은 어려움이 있었다. 따라서 심층면접 대상은 필자가 참여관찰 하는 동안 친밀했던 몇몇을 대상으로 이뤄졌다.6) 이 외에도 다른 호텔의 아웃소싱 현황이나 각 호텔에 따른 업무 특성과 업무 분장 차이 등을 살펴보기 위해 2개 특급 호텔의 룸 메이드 3명과 하우스 맨(house man) 1명을 심층면접 했다. 그리고 호텔 산업의 전반적인 상황 파악을 위해 정규직 노조와 비정규직 노조 활동가 3명을 심층면접 했다.

---

6) 주문 전달실에서 정규직 일을 한 경우에는 굳이 심층면접이 필요하지 않았다. 일이 많거나 힘들지 않아 업무 시간 중에 필자가 궁금해 하는 사항을 아주 자세하게 물어보고 관찰할 수 있었기 때문이다. 그러나 비정규직 객실 정비팀 업무를 할 때는 보조적인 차원의 심층면접이 많이 요구되었음에도 불구하고 다른 룸 메이드와의 친밀감을 형성할 시간이 없어 면접 대상자를 구하는 데 어려움이 많았다. 룸 메이드는 객실이라는 고립된 작업장에서 하루 12개라는 할당된 업무를 하고 있어 같이 얘기를 하면서 친밀감을 형성할 시간이 없었다. 그리고 룸 메이드의 비공식적인 입직 과정(연줄)과 함께 메이드들 내에 다양한 이해관계가 존재하다 보니 섣부르게 연구자임을 드러내기 어려웠다. 따라서 룸 메이드 참여관찰이 끝나가는 시점에 어느 정도의 친분이 있는 사람 가운데 룸 메이드의 처우에 대한 문제의식을 가지고 있는 이에게 연구자임을 밝히고 심층면접을 요청했다. 이후 룸 메이드 6명과 점검원 1명과의 심층면접은 이 사람의 인맥 범위 안에서 이뤄졌다.

제 2 부

아웃소싱 현황과
성별화된 아웃소싱

아웃소싱이란 가장 잘 할 수 있는 분야나 핵심 역량에 자원을 집중시키고 나머지 활동은 전문 기업에게 외부화(외주화)하는 것을 말한다. 한국에서는 용역, 도급이 비슷한 의미로 사용되고 있고 아웃소싱 역시 비정규직에 해당된다. 1장에서도 비정규직에 대해 정의했듯이 정규직은 고용 관계와 사용 관계가 동일하고, 고용 기간을 정하지 않은 고용 관계를 맺으며, 법정 근로 시간에 따른 전일제 노동을 의미하고 비정규직 노동은 이러한 노동의 성격을 벗어난 모든 형태의 노동을 지칭한다. 아웃소싱의 경우는 사용 관계와 고용 관계가 일치하지 않아 비정규직에 해당한다. 일례로 B 기업이 청소를 C 기업에 용역화할 경우 청소노동자는 B 기업과는 사용관계에 있고 C 기업과는 고용 관계에 있어 사용 관계와 고용 관계가 일치하지 않는 간접고용 노동자가 된다.

제4장
아웃소싱 도입 배경 및 현황

1. 호텔 산업의 특성

높은 인적 의존도

호텔을 일반적으로 정의한다면 지불 능력을 갖고 있는 고객을 위하여 숙박과 식사를 비롯한 여러 기능을 제공할 수 있는 제반 시설을 갖추고, 잘 훈련된 종업원이 고객에게 조직적으로 봉사하여 그 대가를 받아 경영 이익을 추구하는 기업이라고 할 수 있다 (정종훈·한진수, 2003). 이처럼 호텔은 고객에게 일정한 서비스를 제공하는 곳으로 유무형의 서비스가 공존하는 독특한 특성을 지닌 곳이다.

호텔에서 제공하는 서비스는 호텔 객실 및 그 외 부대 시설 그리고 건물 자체를 포함하는 상품(유형성)을 제공하는 물적 서비스와 호텔 내의 여러 부서의 종업원들이 제공하는 상품(무형성) 즉 인적 서비스를 합친 것이다. 물적 서비스와 인적 서비스 가운데 호텔에서 더 중요하게 간주하는 것은 인적 서비스이다. 인적 서비스는 고객의 다양한 요구를 충족시켜야 하는데 시설의 표준화가 가능한 것처럼 서비스를 표준화하기가 어렵다. 동일한 객실을 이용한 고객이라 하더라도 호텔 서비스에 대한 만족도에 차이가 있기 마련이고 호텔에 대한 이미지는 시설보다는 종사원들의 서비스에 따라 크게 좌우되기 때문이다. 그 결과 호텔 전체 매출액 중 인건비가 차지하는 비율은 30~50% 정도로 높다. 국내 호텔들은 35~40%를 매출액 대비 인건비로 보고 있다. 따라서 호텔은 인적 의존도가 높은 산업으로 인건비의 지출을 줄인다는 것은 곧 서비스 질 악화로 이어질 위험이 크다는 것을 의미한다.

성별화된 작업장

호텔 산업은 그 자체로 성별 분업적인 특징에 기반하여 남성 고객을 대상으로 한 사업이다. 여성은 호텔 내에서 가정적 역할(mothering)과 매력적인 역할(glamorous)이라는 2가지 역할을 요구받는다(Biswas & Cassell, 1996). 이와 같은 호텔에서의 여성에 대한 2가지 역할 기대는 여성의 연령에 따른 역할 차이를 만들어낸다. 젊은 미혼 여성은 직접적인 대인 서비스직에 집중되어 여성적 매력을 최대한 발휘하고, 기혼 여성들은 룸 메이드에 종사하면서 고객이 객실에서 편하게 쉴 수 있도록 하는 가정적인 역할을 한다.[1]

---

1) 국내 서울 소재 7개 특급 호텔 대인 서비스직 여성 종사자들에 대한 연구 결과에 따르면 호텔 산업의 서비스직에 근무하는 여성은 대부분이 20~29세로 미혼자가 많았다(조민호, 1999). 객실 관리부서(룸 메이드 등)에 종사하는 대부분의 여성 종사자가 26세 이상 40세까지 주로 30대 이

이처럼 호텔이 여성들에게 기대하는 역할은 호텔 산업 내 명확한 성별 직종 분리를 만들어내고 있다. 전형적인 여성 영역으로 간주되는 객실 부문의 룸 메이드(18.8%), 식음료부서의 웨이트리스(15.1%)와 캐셔(13.4%)는 호텔 전체 여성 종사원 가운데 47.3%를 점하고 있다. 반면에 호텔에서 중요하게 간주되는 조리사, 1급 지배인, 도어 맨, 벨 맨, 포터 등은 높은 남성 비율을 보이는 남성 영역이다(장계화, 1984). 1980년대 호텔의 성별 직종 분리 현상은 20년이 지난 상황에서도 여전히 공고하게 나타나고 있다. 호텔 직종 내 성비를 보면 여성 비율이 높은 곳은 교환 85.2%, 식음(서빙) 75.5%, 면세 72.8%, 청소 70.8% 순으로 나타난다. 여성 비율이 낮은 곳은 시설 1.4%, 벨 맨 16.9%, 조리 22% 순으로 남성 비율이 높은 곳이다(산업안전보건연구원, 2003). 이처럼 호텔은 성별 직종 분리가 심한 성별화된 작업장의 특징을 보이고 있다.

호텔 내 성별 직종 분리의 문제는 이러한 직종 분리가 그 직무에 대한 평가에 영향을 미치기 때문이다. 여성들이 집중되어 있는 객실 관리부서의 룸 메이드 등은 업무상의 역할이 낮게 인식되어 낮은 평가를 받고 있다. 그러나 같은 가사 관련직임에도 불구하고 음식을 만드는 조리부는 남성 집중 직종으로, 높은 숙련도를 가진 곳으로 인식되고 평가받는다. 이처럼 여성이 하는 일과 남성이 하는 일에 대한 인식과 평가가 달라지는 작업장에서 여성 직종은 남성 직종에 비해 단순한 업무로 간주될 뿐 아니라 낮은 평가를 받

상으로 84.9%를 점하고 있어 타 부서에 비해 호텔 내에서도 높은 연령층을 보인다. 이에 반해 객실부서의 프런트와 식음료부서의 여성 종사자는 그 부서의 87%가 20대로 호텔 내에서도 가장 낮은 연령층을 보인다(장계화, 1984).

고 있다. 이러한 여성 직종에 대한 인식과 평가는 이후 아웃소싱 과정에 큰 영향을 끼치고 있다.

2. 아웃소싱 배경 및 현황

호텔 업계는 국제 경쟁 시대에 호텔 산업이 나름대로의 생존 방법을 모색하지 않으면 안 된다고 지적하면서 비정규직 고용과 아웃소싱의 확대야말로 호텔 경영의 안전성 확보를 위한 유일한 대안으로 보고 이를 적극 추천하고 있다. 이러한 호텔 경영 전략에 맞춰 IMF 이후 호텔 내 아웃소싱 바람이 불기 시작했고 1998년 신라호텔 객실 관리부서를 시작으로 호텔 업계에 확산되었다. 아웃소싱의 전제는 단순 업무는 아웃소싱시키고 핵심 업무에 집중 투자해 기업 이익을 최대화하는 것이다. 그 결과 많은 호텔들은 관리부서(경비, 주차장 관리, 청소 시설 등)나 객실 관리부서(하우스 키핑, 세탁, 룸 메이드 등) 등의 업무를 아웃소싱하는 추세이다(김석주, 2003). <표-1>을 살펴보면 호텔 외부 청소와 룸 메이드 부문을 가장 많이 아웃소싱하고 있고, 보안 경비, 주차 관리, 기물 관리, 쓰레기장 관리 등이 그 뒤를 잇고 있다.

〈표-1〉 2003년도 현재 서울시 소재 특급 호텔 분사 및 아웃소싱 현황

호텔 명	분사 및 아웃소싱 업무 현황	업무 수 (개)
래디슨 프라자	외부 청소, 쓰레기장, 소독 관리, 연예 연주, 텔레마케팅	5
롯데	외부 청소, 룸 메이드, 시설 설비	3
르네상스	외부 청소, 룸 메이드	2
릿츠 칼튼	외부 청소, 시설 설비, 주차 관리, 기물 관리, 쓰레기장, 소독 관리, 연예 연주, 텔레마케팅	8
매리엇	외부 청소, 보안 경비, 룸 메이드, 기물 관리, 쓰레기장, 세탁, 직원 식당	7
쉐라톤 워커힐	외부 청소, 보안 경비, 룸 메이드, 시설 설비, 주차 관리, 셔틀버스, 기물 관리, 소독 관리, 세탁, 텔레마케팅, 전산, 직원 식당, 원예 조경, 면세점	12
스위스 그랜드	외부 청소, 셔틀버스, 꽃방, 룸 메이드, 소독 관리, 직원 식당, 공공 지역 청소	6
신라	외부 청소, 보안 경비, 룸 메이드, 시설 설비, 주차 관리, 셔틀버스, 기물 관리, 쓰레기장, 소독 관리, 연예 연주, 세탁, 직원 식당, 외식 사업, 원예 조경, 디자인	15
아미가	외부 청소, 보안 경비, 주차 관리	3
웨스턴 조선	외부 청소, 주차 관리, 기물 관리	3
인터컨티넨탈	외부 청소, 보안 경비, 룸 메이드, 시설 설비, 주차 관리, 셔틀버스, 기물 관리, 쓰레기장, 소독 관리, 세탁, 직원 식당, 원예 조경, 면세점, 디자인	13
하얏트	외부 청소, 보안 경비, 룸 메이드, 주차 관리, 기물 관리, 쓰레기장, 세탁, 직원 식당	8
힐튼	룸 메이드, 시설 설비, 셔틀버스, 소독 관리, 공공 지역 청소	5
노보텔	외부 청소, 보안 경비, 룸 메이드, 시설 설비, 주차 관리, 기물 관리, 쓰레기장, 소독 관리, 연예 연주, 세탁, 직원 식당, 원예 조경	12
로얄	외부 청소, 시설 설비, 직원 식당	3
세종	외부 청소, 룸 메이드, 연예 연주	3

타워	외부 청소, 보안 경비, 룸 메이드, 셔틀버스, 직원 식당	5
홀리데이 인	외부 청소, 보안 경비, 룸 메이드, 주차 관리, 셔틀버스, 기물 관리, 쓰레기장, 소독 관리, 연예 연주, 세탁, 직원 식당	11
계	외부 청소: 17개. 룸 메이드: 13개. 보안 경비, 주차 관리, 기물 관리, 쓰레기장: 9개 등	124

자료: 강상묵·김경환(2003), 「호텔 산업의 아웃소싱 핵심 성공 요인: 사례연구」, 『관광학 연구』, 제26권 제4호, 209면.

호텔 업계에서는 주로 단순 업무라고 간주되어 온 영역을 중심으로 아웃소싱시키고 있다. 호텔이 이러한 영역을 아웃소싱하는 기본 전제는 단순 업무라고 보기 때문이다. 그렇다면 과연 국내에서 이뤄지고 있는 아웃소싱이라고 하는 것이 아웃소싱 전략에 따라 합리적으로 이뤄지고 있는가?

1) 아웃소싱 도입 배경의 비합리성

호텔에서 아웃소싱을 도입하는 배경은 급변하는 경영 환경과 금융 환경에 대응하고, 수익성 등 경영 환경의 악화에 따른 인건비의 상승, 노사 문제로 인한 고용 부담을 줄이기 위해서이다. 실제로 IMF를 겪으면서 각 호텔은 인건비를 절감하고 장기적인 인사와 노무 관리를 원활히 하기 위해서 직원들의 숫자를 줄이는 데 집중했고 이 과정에서 직원들의 반발을 최소화하기 위해 실시되었던 것이 아웃소싱이었다. 이처럼 국내 호텔에서의 아웃소싱은 선진 경영 기법에 의한 필요성에서 도입된 것이 아니라 총체적인 위기 상황에서 직원들의 감원을 추진해야 할 목적으로 어쩔 수 없이 시작된 것이다(이종진, 2002).

그러나 실제로 호텔은 IMF때 어려움을 겪지 않았다. 국내 모든 산업이 고전을 면치 못하고 있을 때, 호텔 산업만이 온실 속에서 비바람을 피할 수 있었다.[2] 물론 관광 호텔 업계에 빈익빈 부익부 현상이 나타나고 있고, 이는 어디까지나 특급 호텔에 해당하는 것이다. 그러나 호텔 업계에 불고 있는 아웃소싱 추세가 주로 특급 호텔을 위주로 해서 나타나고 있는 것을 감안한다면 아웃소싱을 도입하는 원인에 IMF나 경영 악화를 제시하는 것은 합리적인 논리라고 보기 어렵다.

2) 아웃소싱 전략에 따른 대상 선정의 문제

아웃소싱 전략이란 호텔 내 다양한 활동 중에서 전략적으로 중요하면서도 가장 잘 할 수 있는 분야나 핵심 역량[3]에 자원을 집중

---

2) 한국관광호텔업협회가 지난 1997년부터 2003년까지 발행한 관광 호텔 운영 실적을 보면 지난 1997년 국내 호텔들이 벌어들인 수입은 총 2조3백79억4천6백만 원이었다. 이후 1998년에는 2조8백81억8천8백만 원으로 전년대비 2.5% 증가했다. 그리고 1999년에는 전년대비 11%가 증가한 2조3천1백33억3천7백만 원을 번 것으로 조사됐다. 2000년에도 전년대비 13% 증가한 2조6천1백61억7천8백만 원을, 2001년에는 전년대비 5% 증가한 2조7천4백66억4천5백만 원을, 2002년에는 전년대비 7% 증가한 2조9천3백89억1천1백만 원의 수입을 올리며 꾸준한 성장세가 이어져 3조원 대를 눈앞에 두고 있었다. 그러나 2003년에는 사스의 영향으로 전년대비 -8% 성장돼 2조6천9백25억5백2백만 원으로 약 2천4백63억5천8백만 원이 줄어들었다(월간 호텔·레스토랑 스페셜 리포트 팀, 2004).

3) 핵심역량은 "경쟁 기업에 대해 절대적인 경쟁 우위 창출을 가능하게 하는 기업의 독특한 자원과 능력의 조합"을 의미하는 것으로 시장에서 구입 가능하거나 재생산, 복제, 대체가 불가능한 유무형의 자산을 의미한다. 좀 더 구체적으로 표현한다면 경쟁사를 압도하는 고유의 기술력, 고객의 요구를 만족시키는 상품 기획력, 조직 내 축적된 관리 기술 등을 말한다(삼성경제연구소, 1998).

시키고, 나머지 활동은 전문 기업에게 아웃소싱(외부화)함으로써 기업의 경쟁력을 제고시키는 전략이다. 따라서 아웃소싱 전략이 호텔 산업에 적용될 때 각 호텔의 경영 상황에 대한 진단을 통해 호텔의 강점과 약점을 판단한 후 기업의 상황에 맞는 전략이 개발되어야 한다.[4] 그러나 현재 호텔 업계는 이와 같은 고려 없이 아웃소싱을 하고 있다.

호텔의 주 수입원은 객실과 식음료 부문이다. 식음료 부문(조리부서, 식음료 서비스부서)은 경기 침체와 일반 외식 사업 발달로 인해 호텔 영업 성과 면에서 많은 어려움을 겪고 있음에도 전혀 아웃소싱의 대상이 되고 있지 않다. IMF 체제하에서 호텔의 객실 부문은 전년도와 비교해 비슷한 성과를 올렸지만 식음료 부문은 20% 이상 마이너스 성장을 기록했다.[5] 국외의 경우(예: 독일)와 달리 국내에서는 식음료 부문의 아웃소싱에 관한 선행 연구가 아직 발표되지 않았고, 업계에서도 식음료 부문에 활용한 사례가 미진하다.[6]

---

4) 많은 호텔에서 아웃소싱 전략을 추진하고 있음에도 불구하고 호텔 산업에서의 아웃소싱에 대한 이론적 연구는 거의 없으며 주로 정보산업(IT)을 중심으로 호텔 아웃소싱 연구의 이론적 틀을 구성하고 있다(강상묵·김경환, 2003).

5) 식음료 부문의 원가 구성 비율은 일반적으로 식료 재료비(40%), 인건비(30%), 기타 운영 비용(20%), 이익(10%)으로 구성되어 있고, 원가와 인건비가 70%를 초과해서는 안 된다. 그러다보니 식음료 부문의 인건비, 자재비, 재료비의 상승은 지속적인 문제점으로 남아 있다. 이러한 현실을 반영하듯 최근 발행된 미국 여행 전문지 '비지니스 트래블 뉴스'에 따르면 한국 호텔의 식음료 가격은 하루 3끼를 다 호텔에서 해결할 경우 세계 1위로 나타났다(최영준, 2000).

6) 호텔 종사원 가운데 가장 많은 인력을 차지하고 있는 식음료 부문은 가장 많은 노조원을 확보하고 있다. 식음료 부문의 아웃소싱은 노조와의 타협이 가장 절실한 문제라고 보고 있다(최영준, 2000). 실제로 서울시내 한 특급 호텔에서 식음료 부문의 레스토랑을 폐쇄하려는 조치를 취하자 이

<표-2>의 호텔에서 이뤄지는 아웃소싱 적용분야 비율을 보면 호텔의 주요 수입 부서인 객실, 식음료, 조리 부문의 아웃소싱 비율 차이를 알 수 있다.

〈표-2〉 2002년도 현재 서울지역 특급호텔 아웃소싱 현황과
적용분야(24개)

부서		호텔 수(개)	비율(%)
객실	룸 메이드	10	
	세탁소	3	
	객실 관리	2	
	하우스키핑	1	
	소계	16	18%
식음료	식당	2	
	연회장	1	
	외식사업	1	
	소계	4	4%
조리[7]	기물관리	6	7%
판촉	판촉	2	2%
	텔레마케터	1	1%
관리	주차	12	
	청소	10	
	외곽청소	7	
	시설관리	6	
	직원식당	3	
	경비	2	

에 대한 노조 측의 거센 반응이 있었다.

	셔틀버스	2	
	조경	1	
	방역	1	
	전산	1	
	보안	1	
	셔틀버스기사	1	
	원예	1	
	디자인	1	
	안전관리	1	
	쓰레기처리	1	
	연주	1	
	소계	55(17개부서)	67%
계		87(27개부서)	100%

자료: 윤여송(2002), 「호텔 기업의 아웃소싱 전략 연구」, 경기대학교 관광경영학과
대학원 박사학위논문(미간행), 73면.

　식음료 부문과 함께 호텔의 주요한 수입 부서 가운데 하나인 객실은 호텔의 가장 큰 수입원이다. 객실은 식음료의 높은 원가와 달리 낮은 원가가 책정되어 있어 호텔은 객실 수입에 상당한 비중을 두고 있다. 실제로도 객실은 IMF와 상관없이 높은 객실 점유율을 보여 왔다.[8] 그러나 객실 부문(객실부서, 객실 관리부서) 중에서도

---

7) 조리 부문에서는 기물을 관리하는 스튜어드만을 아웃소싱하고 있다.

8) 한국관광호텔업협회가 지난 1997년부터 2003년까지 발행한 관광 호텔 운영 실적을 보면 지난 7년간 객실 수입은 IMF 이듬해인 1998년에 다소 마이너스 성장을 한 이후 지속적인 증가세를 보여 왔으나 2003년은 사스와 이라크 전쟁, 테러 등으로 인해 급속한 마이너스 성장을 기록했다. 구체적으로 살펴보면 객실 수입은 IMF 이듬해인 1998년에 전년대비 －1.1% 감소하였고, 1999년 9.1%, 2000년 17.9%, 2001년 5.5%, 2002년 8.6% 등으로 지속적인 성장을 이어왔다. 그러나 2003년은 이라크 전쟁과 사스 등

객실을 생산하는 객실 관리부서(룸 메이드)는 앞에서 살펴본 것처럼 단순 업무로 간주되어 일차적인 아웃소싱 대상이 되고 있다. 이는 식음료부서에서 식음료를 생산하는 조리부서가 핵심 업무에 해당하는 것과는 상반된 결과이다. 호텔의 아웃소싱 전략에 따르고 기업 경쟁력을 고려한다면 일차적인 아웃소싱 대상은 호텔 수익과 관련성이 낮은 부문이어야 할 것이다.

따라서 호텔에서 아웃소싱 전략에 따라 객실 관리부서를 아웃소싱 대상으로 선정해 아웃소싱한다는 논리는 비합리적인 것이라고 할 수 있다.9) 이를 통해 객실 관리부서는 여성 직종으로 객실 정비라는 청소와의 강한 연관성 속에서 단순 업무로 간주되어 아웃소싱 대상이 되었다는 것을 쉽게 예상할 수 있다.

3) 아웃소싱의 비효율성

과거의 아웃소싱은 좁은 의미로 내부 업무나 작업을 단순히 외부 기업에 맡기는 외부 위탁을 의미했다. 그러나 오늘날의 아웃소싱은 단순히 외부 위탁이 아니라 기업 내의 주변 업무뿐만 아니라 핵심 업무까지도 외부의 전문적이고 효율적인 업체에 위탁하는 경영 전략이라고 할 수 있다(최영준, 2000; 삼성경제연구소, 1999). 이

으로 인해 전년 대비 −17%의 성장을 기록했다(월간 호텔·레스토랑 스페셜 리포트 팀, 2004).

9) 아웃소싱에 관한 많은 연구들은 업무를 핵심 영역과 주변 영역으로 구분하는 것은 쉬운 일이 아니라고 본다. 객실이 호텔의 주요 수입원임에도 불구하고 객실 관리부서가 아웃소싱 대상인 데 대해 핵심 사업을 무엇으로 규정하는지, 과연 호텔이 핵심 사업에서 객실 관리부서를 제외시켜도 되는지에 대한 논란의 여지가 있다(윤여송, 2002).

러한 아웃소싱 전략은 선진국에서 널리 활용되고 있지만 국내에서는 그 조건에 있어서 많은 차이가 있다.

국내의 아웃소싱 목적은 선진국의 아웃소싱 전략과 다르다. 국내 기업의 아웃소싱 도입과 활용 목적은 비용 절감 차원에서 이뤄지는 것으로 비용 절감(53.01%), 생산성 향상(15.78%), 핵심 업무 추진(15.96%), 기타(15.25%)의 순으로 나타나고 있다. 그에 반해 미국 기업의 아웃소싱 활용 목적은 기술이나 인재 부족(58%), 핵심 역량에의 인재 투입과 경영 확대(36%), 간접 경비 삭감(28%), 제품과 서비스에 드는 경비 삭감(28%), 장래 자본 투자 삭감(20%) 등으로 나타난다(이종진, 2002). 현재 호텔 업계는 비용 절감에 따른 아웃소싱 결과 서비스의 질 저하, 원활한 인력 수급의 어려움 등의 문제를 겪고 있다(윤여송, 2002; 강상묵 외, 2003; 김석주, 2003).

아웃소싱 전략의 목적은 호텔의 주변 부분을 전문 기업에게 아웃소싱함으로써 기업의 경쟁력을 제고시키는 것이다. 그러나 아웃소싱 이후 오히려 서비스의 질이 저하된다는 것은 호텔의 아웃소싱이 아웃소싱 전략에 따라 합리적으로 이뤄지고 있지 않은 데 따른 결과라고 할 수 있다. 아웃소싱의 발전이 호텔 산업에 있어 서비스의 질이라는 핵심 역량을 강화시키고 있는지 아니면 장기적인 측면에서 약화시키고 있는지는 지속적으로 문제가 되고 논란이 되고 있다.

제5장

성별화된 조직과 성별화된 아웃소싱

1. A호텔의 특징

객실의 청결을 강조하는 카지노호텔

참여관찰한 A호텔은 특1급[1] 호텔로 숙박 목적에 따른 분류에 의하면 카지노호텔이다. A호텔은 카지노를 직접 운영하는 것이 아니라 카지노 임대를 주고 있는 형태라서 임대 수입과 카지노 고객으로부터의 객실과 식음료를 비롯한 호텔 시설 이용의 수익을 올리고 있다. 카지노에서는 카지노 고객을 위한 서비스와 고객 유치를 위한 마케팅 전략의 일환으로 객실 요금과 식음료 등의 비용을 객실 등급에 따라 무상으로 제공하고 있고 이 비용을 카지노 측에서

---

1) 관광 호텔 등급은 특1급에서 특2급, 1급, 2급, 3급의 5단계로서 문화관광부에서 지정한 호텔 및 관광 관련 협회를 통해 심사하여 무궁화 표시로 구별하고 있다. 우리나라의 경우는 호텔 등급을 매기는 데 있어서 주로 물리적 요소에 초점을 맞추고 있다. 그러나 호텔이란 물리적 요소와 인적 요소의 결합으로 운영되는 특징을 지닌 곳으로 물리적 시설만큼 서비스 수준도 중요하게 인식되고 있다. 외국의 경우는 서비스 평가가 함께 이뤄지고 있다.

A호텔에 지급하고 있다. A호텔은 카지노 고객으로 인해서 많은 이익을 보고 있다.

A호텔은 도박에 대한 사회적 인식을 불식시키고 깨끗한 물리적 공간을 유지시킴으로써 정직한 경영의 이미지를 심기 위해 청결을 매우 중요하게 생각한다. 카지노 고객들은 도박을 하기 때문에 호텔의 청결이나 서비스에 민감한 데다가 나름의 징크스까지 가지고 있다. 따라서 고객을 접할 때 얼굴 표정 하나에서부터 객실의 청결까지 많은 신경을 써야 한다. 호텔은 청결 상태를 유지함과 동시에 카지노 고객을 위한 안전성도 확보해야 한다. 카지노 고객은 현금을 많이 가지고 있어 A호텔은 다른 호텔에 비해 도난 사고가 자주 발생하기 때문이다.

이처럼 A호텔은 카지노호텔이기 때문에 객실 청결과 안전을 중요하게 간주한다. 이는 객실에 대한 관리가 다른 호텔보다 더욱 엄격하게 이뤄진다는 것을 의미한다. 따라서 객실 부문 가운데서도 객실 정비를 비롯한 객실 관리 업무가 중요한 부분을 차지한다.

남성 정규직의 이해를 반영하는 노동조합

A호텔은 강력한 정규직 노동조합을 가지고 있다. 많은 직원들은 노조위원장의 권위를 사장과 맞먹는 것이라고 보았다. 실제로 노조위원장은 10년 동안 지위를 유지하면서 막강한 권력을 행사해왔다. 호텔 인사부에서도 노조가 강성하기 때문에 노조 측의 눈치를 살필 정도이다. 인사부에서 인사과장을 노조위원장과 친분이 두터운 사람으로 앉혀 놓을 정도로 A호텔 노조는 강한 권력을 행사하고

있다. 그러나 이처럼 강력한 노조가 있음에도 불구하고 객실 관리 부서의 여성 직종을 중심으로 한 아웃소싱 과정에 노조는 별 영향력을 행사하지 못했다.

정규직 노조의 성격은 현재 활발하게 노조 활동을 하고 있는 이들이 누구이며, 노조에서 어떤 사안을 중요하게 다루고 있는지를 통해 알 수 있다. 객실 관리부서에서 가장 왕성한 노조 활동을 하고 있는 이들은 30대 중반 이후의 남성들로 이들이 가지고 있는 현안은 승진 문제이다. 남성 노조원들은 적극적인 노조 활동을 통해 승진 문제를 해결하고자 하는 의지가 강하고 정규직 노조 역시 이들의 요구를 수용해 승진 문제를 중요 사안으로 삼고 있다. 이를 통해 A호텔 정규직 노조가 정규직 남성들의 이익을 적극적으로 대변하는 남성 정규직 노조임을 알 수 있다.

연줄을 통한 비공식적 채용 관행

A호텔의 채용은 상반기, 하반기 정시 채용과 수시 채용이라는 형태를 취하고 있다. 호텔에서는 예전부터 정시 채용은 인사부, 재정부, 총무부 등에서 이뤄져왔고 영업직의 경우 주로 연줄을 통한 수시 채용을 해왔다. 물론 수시 채용 외 정시 채용 때도 비공식적인 연줄이 영향을 끼치고 있었다. 이러한 추세는 IMF 이후 취업이 어려워지면서 더해가고 있는 실정이다.

객실 관리부서는 호텔에서 낮은 평가를 받는 곳임에도 불구하고 '연줄'을 통해 입직한 이들이 상당이 많았다. 객실 관리부서의 정규직 상당수도 인맥을 통해서 입사했다. 호텔 종사자 상당수는 호텔에서 근무하려면 연줄이 있어야 한다고 공공연하게 말했다. 이처럼 호텔은 입직 과정에서의 연줄이 중요한 영향을 끼치고 있다.

연줄은 호텔 입직 과정에만 영향을 끼치는 것이 아니라 입직 이후에도 지속적인 영향을 끼친다. A호텔의 아웃소싱 과정에서 아웃소싱 대상 직종에 종사했던 이들 중 몇몇은 연줄 덕분에 정규직으로 살아남았다. 그리고 이러한 비공식적 고용은 정규직에만 국한되는 것이 아니다. 비정규직의 경우에도 정규직보다 훨씬 낮은 처우를 받고 있지만 여전히 많은 이들이 인맥을 통해 입사한다. A호텔 조직 내에 연줄은 만연되어 있을 뿐 아니라 뿌리 깊다. A호텔 입직 과정에서 연줄의 의미는 현재 정규 직원들의 자격 요건과 능력이 객관적인 채용 과정을 거치면서 검증받지 못했다는 것을 뜻하기도 한다.

2. 성별화된 조직과 성별화된 아웃소싱

호텔의 대략적인 조직을 살펴보면 크게 객실 부문, 식음료 부문, 관리 부문으로 나뉜다. 그 중에서도 객실 부문은 프런트(front office)와 객실 관리부서(housekeeping)로 나뉜다.[2] 프런트는 고객을 직접

---

2) 식음료 부문은 식음료를 생산하고 판매하는 곳으로 직접적으로 생산하는 조리부서와 간접적으로 판매하는 식음료부서로 구성되어 있다. 관리부문은 회계부, 시설관리, 인사부 등이 속하며 지원부서로서 대 고객 서비스를 하는 일선 부서가 대인 서비스를 잘 할 수 있도록 지원하는 곳이다. 객실 부문과 식음료 부문은 수입을 발생시키는 부서로 영업직이라고 불린다.

접하면서 객실을 판매하는 곳이고, 객실 관리부서는 객실을 생산하는 부서이다. 객실 관리부서는 객실 및 공공장소 등 전 호텔 지역에 걸쳐서 청결 유지, 건물 관리 등 호텔의 자산을 관리하는 주요한 업무를 담당하며[3] 객실 부문 부서들 가운데 가장 많은 인력을 확보하고 있다.

객실 관리부서는 대표적인 여성 직종으로 '청소하는 곳'이라고 인식되고 있다. 여성이 객실 관리부서에 근무한다고 하면 대부분의 사람들은 거기서 청소하냐는 식의 반응을 보인다. 이처럼 객실 관리부서는 여성 직종이라는 것과 동시에 가사 관련직이라는 고정적인 이미지로 인해 A호텔 내에서 상당히 낮은 평가를 받고 있다. 호텔 내 객실 관리부서의 낮은 위치는 인사이동을 통해서도 잘 드러난다. 객실 관리부서의 관리직들은 대개가 인사이동에서 밀려나거나 낙천돼서 오는 경우가 많다.

---

[3] 객실의 청결도는 객실 판매와 객실 점유율에 영향을 가져와 호텔 수익의 증감에 막대한 영향을 미친다. 호텔의 특성상 고정 자산(건물, 시설 등)이 전체 자산 가운데 80~90%에 이르는데 객실 관리부서는 이러한 고가의 호텔 자산을 직접적으로 책임지고 있어 호텔 운영 경비 절감에 큰 영향을 미치고 있다(안옥모, 1979; 김영준, 2000; 정종훈 · 한진수, 2003).

〈그림-1〉A호텔 조직도

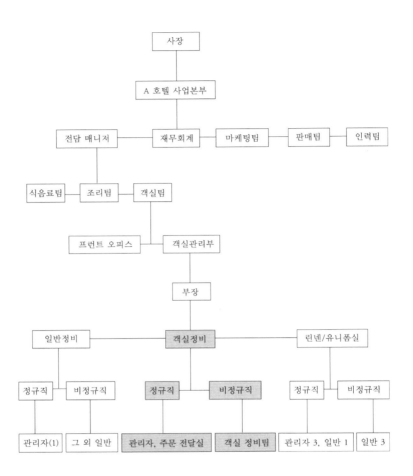

성별화된 조직4)

객실 관리부서는 크게 객실 정비, 일반 정비, 린넨/유니폼실로 나 눈다. 객실 정비는 객실 정비를 비롯한 객실과 관련한 모든 것을 관리하는 곳이고, 일반 정비는 객실 외의 공공 지역 청소와 설비 관리를 하는 곳이다. 린넨/유니폼실은 직원들의 유니폼과 고객의 세탁물을 취급하는 곳이다. 객실 관리부서 가운데서도 객실 정비는 다양한 직종이 존재한다. 객실 정비를 맡고 있는 객실 정비팀에는 직접 객실을 정비하는 룸 메이드와 정비한 객실을 점검하는 점검 원, 객실 정비를 보조하는 지원반이 있다. 주문 전달실에는 주문 전달자와 층 지원자가 있는데 주문 전달자는 객실 정비팀과 프런 트, 고객을 중간에서 연결시켜주는 역할을 수행하며 객실 관리부서 의 핵심직으로 간주되고 있다. 층 지원자는 주문 전달자와 객실 정 비팀을 도와 층 심부름을 뛰는 이들이다.5) 이 외에 미니바 주임은

4) 노동 유연화에 따른 구조 조정은 성별화된 조직 안에서 발생한다. 성별화 된 조직(gendered organization)이라는 개념은 젠더가 제도 속에서 다양한 수준에서 작동하는 사회적 과정임을 의미한다. 이러한 접근 방식은 제도 화된 패턴과 일이 상호 작용해 일의 성별 분업과 의미들을 생산하고 재 생산하는 방식을 강조한다. 성별화된 조직 담론은 첫째, 일에 있어서의 성별 분업을 인식하고 있다는 것에 주목한다. 둘째, 각 개인이 매일의 작 업장에서 상호 작용을 통해 성별화하고, 자신 스스로를 성별화하고, 다른 이들을 성별화한다는 것에 주목한다. 셋째, 성별화된 조직 논리나 남성의 이익을 재생산하는 젠더 중립적인 관습들에 주목한다(Kahn, 1999).

5) 실제로 A호텔에서 주문 전달자는 오더테이커(odertaker), 층 지원자는 룸 어텐던트(room attendant), 주문 전달실은 오더테이커실로 불린다. 호텔 업 계에 종사하지 않는 이상 이러한 호칭이 오히려 글의 이해도를 떨어뜨릴 것으로 생각해 각 직종의 특성을 최대한 살려 한글 명칭으로 수정했다. 룸 메이드(room maid)라는 호칭은 한글 명칭으로 수정하지 않았는데 이는 많은 이들이 룸 메이드에 대해서 알고 있는데다가 한국 사회에서 룸 메 이드가 가지는 의미를 최대한 살리기 위해 그대로 사용했다. 룸 메이드는

미니바 업무를, 키(key, 열쇠) 주임은 호텔 내 열쇠와 관련한 업무를, 벽지 주임은 벽지와 관련한 업무를, 목공 주임은 목공과 함께 잡다한 업무를 담당하고 있다.

객실 관리부서는 여성의 일과 남성의 일이 명확하게 분리되어 있다. 객실 정비팀의 룸 메이드와 점검원은 100% 기혼 여성이다. 그리고 여성의 일로 간주되는 주문 전달자는 100% 미혼 여성이다.[6] 객실 관리부서에서 근무하는 남성들을 총괄해 하우스 맨(houseman)[7]이라고 하는데 남성의 일이라고 간주되는 키, 목공 등을 전담하거나 객실 정비 보조자로서의 역할을 하는 이들로 100% 남성이다.

또한 객실 관리부서의 여성 직종과 남성 직종은 일의 성격에서도 차이가 있다. 여성 직종은 주문 전달자처럼 홀로 배정되어 전화를 주고받는 업무를 하면서 유리창 너머로 가시적인 통제가 가능하다든지, 객실 정비팀처럼 빠듯하게 해낼 수밖에 없는 객실 수를 배정함으로써 강도 높은 노동과 동시에 통제가 가능하다. 이러한

한국식 영어 명칭으로 외국에서는 일반적으로 챔버메이드(chambermaid)로 사용하고 있다.

6) 주문 전달자는 정규직 가운데 100% 여성으로 남은 유일한 직종으로 3명 모두 미혼 여성이다. 이전에는 남성도 주문 전달자 업무를 했는데 주문 전달자 업무가 주로 전화를 주고받는 업무이다 보니 여성에게 더 적합하다고 판단돼 여성 직종이 되었다. 주문 전달자가 미혼으로만 구성된 데는 기혼 여성일 경우 아이나 집안일 등으로 이것저것 일하면서 봐줘야 하는 것들이 많다는 부장의 판단에 따른 것이다.

7) 하우스 맨은 객실 관리부서의 보조자 역할로서 린넨류 및 보급품의 체크, 폐품의 수거 및 간단한 보수 작업, 룸 메이드 업무의 보조, 객실의 청결을 유지하는 업무인 카펫샴푸, 스포팅(카펫의 얼룩제거), 청소 장비 점검 및 보수, 외부 업체의 관리 감독, 객실 시설물 점검 및 보수 계획 수립 등을 담당하는 이들을 말한다(정종훈·한진수, 2003).

여성 직종의 특징은 호텔에서 각종 정보를 공유하거나 네트워크를 형성하는 어려움으로 나타난다. 그러나 남성 직종인 층 지원자를 포함한 하우스 맨 직종은 사무실 밖에서 이뤄지는 업무로 시간과 장소에 따른 통제를 받지 않기 때문에 작업 유무와 작업량이 가시적으로 드러나지 않아 통제하기 어렵다. 이들은 자신들의 직무 특성을 최대한 활용해 서로 간의 정보를 공유하고, 네트워크를 형성하고, 노조에 관심을 가지고 노조 관련 일을 할 수도 있다. 이러한 직무상의 특징은 호텔에서 자신들의 권익을 주장하고 찾을 수 있는 토대가 되고 있다. 이처럼 객실 관리부서는 성별에 따라 하는 일과 그 일의 성격이 명확하게 분리되는 성별화된 조직의 특성을 보이고 있다.

성별화된 아웃소싱

객실 관리부서의 비정규직(아웃소싱) 현황을 살펴보면 객실 정비, 일반 정비, 린넨/유니폼실(50%)이 아웃소싱(외주화) 되었다. 객실 정비는 아웃소싱된 객실 정비팀(룸 메이드, 점검원, 지원반)과 정규직(관리자, 주문 전달자, 층 지원자)으로 나뉜다.[8] 객실 관리부서의

---

8) A호텔 사례에서 비정규직은 아웃소싱된 간접 고용 형태의 비정규직을 말한다. 물론 주문 전달실의 주문 전달자(1명)와 층 지원자(2명)가 캐쥬얼(casual, 1년 계약직)이라고 해서 직접고용의 비정규직에 해당하지만 이들은 젊은 사람들로 시험 등과 같은 절차를 통해 정규직으로 전환될 것이다(캐쥬얼 1년→시험→계약직 1년→시험→정규직). 이들의 입직과정이 까다로워진 데는 일자리 부족에 따른 영향이 크다. 그에 반해 아웃소싱된 간접 고용 형태의 비정규직은 정규직으로 전환될 가능성이 없는데다가 직접 고용 때보다 더 열악한 노동 조건에 있다. 간접 고용 형태의 비정규직은 저 임금, 과중한 업무, 고용 불안이라는 간접 고용 형태에 내재한 문제들로 인해 비정규직 가운데서도 열악한 지위에 있다(권혜자·김양지

정규직 23명 가운데 18명이 남성이고 여성은 5명뿐이다. 그리고 이 가운데 주문 전달자 여성 3명과 층 지원자 7명, 린넨실 여성 1명을 제외하고는 모두 주임 이상의 관리자[9]들이다. 아웃소싱 과정에서 남성 직종은 정규직으로 살아남았는데 이들은 모두 주임 이상의 관리자이다. 그에 반해 여성 직종인 객실 정비팀(룸 메이드, 점검원)은 모두 아웃소싱되었다. 객실 정비팀의 점검원은 주임이라는 직위를 가지고 있었지만 여성에게 있어 직위는 중요 변수로 작용하지 않았다. 일반 정비와 객실 정비팀은 100% 아웃소싱 대상이었음에도 불구하고 일반 정비 과장(남성)은 정규직이고 객실 정비팀 과장(여성)은 함께 아웃소싱되어 비정규직이다.[10] A호텔의 아웃소싱은 고용 형태, 직위, 성별이 교묘히 맞물리는 성별화된 비정규직화였다.

결국 성별화된 조직인 객실 관리부서는 아웃소싱 과정에서 '정규직=남성, 비정규직=여성'이라는 성별화된 비정규직화 결과를 보이고 있다.

영·손영주 외, 2004).

9) 객실 관리부서의 승진 체계는 '주임-지배인-대리-과장-부장'이다. 미니바, 키, 창고 관리, 목공, 벽지 등을 담당하는 이들은 모두가 주임으로 보통 20년 이상의 근속자이고 주요 연령대는 50대 이상이다. 주임은 5급으로 4년제 대졸자가 4급에서 시작하는 것을 보면 하우스 맨들이 초기에 호텔에 입사할 때의 위치를 가늠할 수 있게 해준다.

10) 남성들이 조직의 권력적인 지위를 지배할 때 조직적인 문화는 권력의 지위에 있는 남성들의 이익과 가치를 더 반영하게 된다(Biswas & Cassel, 1996).

〈표-3〉 객실 관리부서 아웃소싱 현황

	일반 정비		객실 정비			린넨/유니폼실	
업무	객실 외의 공공지역 청소와 설비 관리를 하는 곳		객실 정비를 비롯한 객실과 관련한 모든 것을 관리하는 곳			직원들의 유니폼과 고객의 세탁물을 취급하는 곳	
고용 형태	정규	비정규	정규		비정규	정규	비정규
			관리자	주문 전달실	객실 정비팀		
성별 분포	남성 1	성비 모름[11]	여성 1 남성 6	여성 3 남성 8	100% 기혼 여성(지원반 젊은 남성 제외)	여성 1 남성 3	여성 2 남성 1
직위 및 인원	과장 (남, 1)	평직원	부장(남, 1) 대리(여, 1) 미니바담당 주임(남, 1) 창고관리 주임(남, 1) 키담당주임 (남, 1) 벽지담당 주임(남 ,1) 목공 등 담당 주임(남, 1)	주문 전달자 (여, 3, 미혼) 층 지원자 (남, 8, 주임 1명 포함)	과장(여, 1) 대리(여, 2) 사무원(여, 1) 점검원(주임, 9) 룸 메이드(여, 45) 지원반주임(남, 1) 지원반(남, 5)	대리 (남, 1) 주임 (남, 2) 평직원 (여, 1)	평직원 (남 1, 여 2)
인원	1명	35명	7명	11명	64명	4명	3명
총인원	125명 (정규직 23명, 비정규직 102명)						

---

11) 일반 건물 청소가 여성 직종인 것을 생각한다면 일반 정비 역시 여성 비율이 높을 것으로 예상된다.

작업장 현황

객실 관리 사무실은 지하 3층에 위치하고 있다. 사무실은 크게 주문 전달실과 사무실, 회의실로 나뉜다. 주문 전달실에는 주문 전달자와 층 지원자가 근무하고 사무실에는 주임 이상에서 부장까지 관리자급이 근무한다. 린넨실은 객실 관리 사무실 복도 반대편에 위치한다. 사무실 벽 쪽으로 게시판이 있는데 이 게시판은 객실 정비팀의 매일의 업무 현황표이다. 객실 정비팀은 아웃소싱 이후에도 이전처럼 객실 관리 사무실을 함께 사용하고 있다. 객실 정비팀이 다른 아웃소싱된 곳(일반 정비, 보안과, 직원식당 등)과는 달리 사무실을 같이 사용하는 데는 그만큼 객실 정비팀 일이 객실 관리 사무실과의 긴밀한 협력 하에 이뤄져야하기 때문이다.

〈그림-2〉 객실 관리 사무실의 배치도

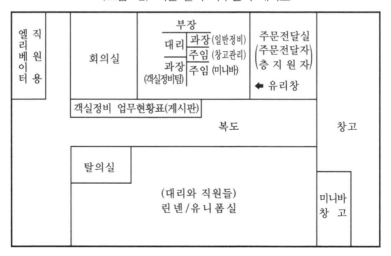

객실 정비팀(룸 메이드, 점검원, 지원반)의 주요한 작업장은 3층에서 17층까지의 객실과 객실이 있는 각각의 층이다. 객실의 크기는 대부분이 8.5평 정도로 각각의 층마다 객실의 크기와 객실 내편의 시설의 배치에 있어 차이가 있다.

〈그림-3〉 객실 도면

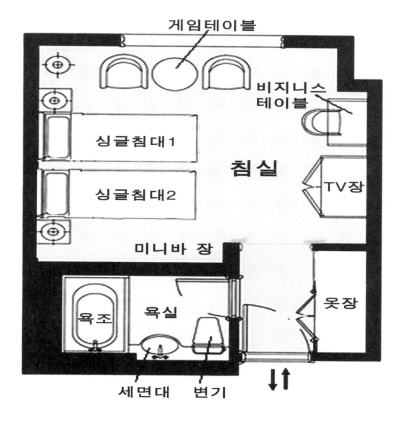

객실이 있는 각 층의 상황을 보면 객실 번호에 따라 객실이 앞쪽과 뒤쪽으로 나뉜다. 작업장은 크게 객실 수에 따라서 3가지 유형의 층으로 나뉜다.12) 각 층에는 객실 정비팀의 창고와 작업 준비실이라고 할 수 있는 린넨실이 있다.

〈그림-4〉 층 현황

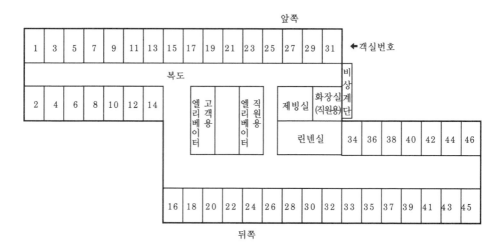

12) 3~12층은 각 층에 객실이 46개로 앞쪽은 1~14호와 15~31호 중 홀수호가 있고, 뒤쪽은 16~30호 중 짝수호와 32~46호가 있다. 14~15층은 객실이 26개로 앞쪽은 1~8호와 9~17호 중 홀수, 뒤쪽은 10~18호 중 짝수호와 19~26호이다. 16~17층은 스위트룸으로 각각 이름이 붙여진 몇 개 객실로 이뤄져있다.

3. 아웃소싱 과정과 결과

A호텔은 직접 고용 형태의 계약직, 아르바이트, 파트타이머 등을 지속적으로 사용해왔다. 이는 아웃소싱되기 전의 인원 현황을 통해서도 잘 드러난다. 1999년의 아웃소싱은 정년퇴임한 임원이 객실 관리부서의 일반 정비와 객실 정비, 보안과, 직원 식당, 발레 서비스(주차) 200여 명을 분사하는 형식이었다. 그러나 실제는 아웃소싱 대상 직종의 직원들을 명예퇴직시킨 후 A호텔 서비스라는 용역 회사에 소속시킨 과정이었다.13)

〈표-4〉 객실 관리부서의 고용 형태별·연도별 인원 현황

연도	인원 현황	합계(명)
1999년	정규직 88명, 계약직 5명, 파트타이머 33명	126
2004년	정규직 23명, 아웃소싱 102명	125

자료: A호텔 내부 자료.

아웃소싱 대상이 된 이유, 객실 정비는 단순한 일

초기 객실 관리부서의 아웃소싱 과정에서는 아웃소싱 대상선정에 대한 합의가 이뤄지지 않았다. 아웃소싱 과정은 호텔 측에서 그

---

13) 객실 정비팀 내부에 아웃소싱에 대해 고용 형태에 따른 의견 차이가 있었다. 아웃소싱되었을 때 오히려 아르바이트로 있던 이들은 더 좋아했다. 월급이 80여만 원에서 94만 원으로 올랐기 때문이다. 그리고 정규직 룸메이드와 임금 및 대우 차원에서 큰 차이가 있었기 때문에 그런 간극이 없어지고 똑같이 대우한다고 해서 좋아했던 것이다. 그러나 아웃소싱된 이후에도 용역 회사 측의 통제 전략에 따라 정규직에서 전환되었던 이들은 여전히 좋은 대우를 받고 있다.

대상 업무를 일괄적으로 정해놓은 부분도 없지 않았지만 노조 측과의 조절 과정에서 재조정되는 부분이 있었다. 객실 정비팀 가운데 VIP층을 맡고 있는 경력자들은 그 전문성을 인정해 아웃소싱에서 제외시키려 하기도 했다. 그러나 결국 객실 관리부서의 아웃소싱 대상은 객실 정비팀과 일반 정비, 린넨실(50%)로 결정되었다. 객실 관리부서에서 아웃소싱된 객실 정비, 일반 정비, 린넨실 가운데 객실 정비는 지원반 5명의 남자를 빼고[14] 모두 여성이고, 일반 정비 역시 일반 건물 청소로 여성의 비율이 상당히 높다. 린넨/유니폼실만 여남의 비율이 비슷할 뿐이다.

호텔에서는 아웃소싱을 시키면서 '이것이 대세다'라는 말로 정당화했다. 여기서 '대세'라는 의미는 업계를 선두한다고 하는 신라호텔(삼성계열)의 객실 관리부서 아웃소싱의 여파를 의미한다.[15] 신라호텔의 아웃소싱을 피해 A호텔로 옮긴 지 8개월 만에 아웃소싱 대상이 된 룸메이드 사례를 통해서도 그 여파를 짐작할 수 있다. 아웃소싱 과정을

---

14) 지원반은 총 6명으로 20대 중반에서 30대 초반의 젊은 남성들로 구성되어 있다. 이들은 객실 정비를 하는 데 있어서 육체적인 힘이 필요한 일을 하면서 객실 정비팀을 지원한다. 객실에 보조 침대를 넣고 빼거나 카펫을 청소한다. 지원반이 아웃소싱된 데는 객실 정비팀과의 직접적인 연관성 때문이다. B호텔의 경우에도 룸 메이드만을 아웃소싱시킬 경우 성차별이라는 지적을 받을 수 있을 것으로 보고 지원반 역할을 맡은 하우스 맨을 함께 아웃소싱시켰다.

15) "추세 자체가 그런 추세가 있었고 바람을 탄 거죠. 아까도 얘기했듯이 관례가 용역으로 넘어오는 거라고 했잖아요. 그니까 그게 그 추세도 있고 그 다음에 정리 해고 그것도 있고 IMF 맞으면서 정리 해고는 해야겠고 내보내기도 내보내야 하는데 청소라는 업무 자체를 좀 소홀히 보는 것도 있고 추세가 워낙 그쪽으로 돌리니까. 근데 용역 회사를 보면 파견 회사가 아닌 용역 회사가 다 청소예요. 그게 아까 얘기한 청소랑 같이 맞물려지는 거죠. 정리 해고랑 청소랑 같이 맞물려서 있는 거고"(전국여성노조 서울지부 조직국장과 인터뷰 중 발췌한 것).

지켜보았던 객실 정비팀 대리(여성)는 호텔 측에서 아웃소싱을 시킨 이유가 아줌마들이 단순한 일을 한다고 생각해서라고 했다. 아웃소싱이 대세인 분위기 속에서 아줌마의 단순한 일로 여겨지던 객실 정비는 쉽게 아웃소싱 대상이 되었다. 이는 호텔에서 여성들이 맡고 있는 일이 단순·비숙련한 일로 인식되어 왔음을 보여주는 결과이다.

객실 관리부서의 여성 직종이 아웃소싱되는 과정은 한국 사회의 구조 조정 과정이 여성의 비정규직화 과정임을 잘 보여준다.[16] 호텔 측의 여성 직종에 대한 아웃소싱 정책과 이에 대한 정규직 노동조합의 암묵적인 동의가 바로 그것이다. 정규직의 암묵적 동의라 함은 좀 더 정확하게 말하자면 정규직의 근로 조건 개선과 아웃소싱을 맞바꾼 것이라고 할 수 있다.[17] A호텔 노조의 임금 협상 결과를 보면 아웃소싱이 이뤄졌던 1999년 정규직 기본급이 6.7% 인상되었고 150%의 특별 상여금을 받았다. 그 이후에도 지속적인 기본급 인상과 각종 수당, 특별 상여금 등을 얻어냈다.[18] 이처럼 여성 직종의 아웃소싱 과정에서

---

16) 한국 사회에서 구조 조정 과정은 여성 정규직의 비정규직화 과정이다. 이는 구조 조정의 과정이 가부장적 구조를 가지고 있음을 통해 알 수 있다. ① 인원 감축 중심의 구조 조정─숫자 채우기. 그 조직의 가장 힘없는 계층이 일차적 감축 대상이다. ② 여성 노동력이 빠른 속도로 집단적으로 비정규직화되고 있다. 한 예로 여성 노동자를 정리해고한 이후 파견, 용역, 계약직 등 비정규직으로 채용하고 있다. 여성에 대한 부당한 정리해고가 여성의 비정규직화 과정의 일환이다. ③ 여성 중심의 정리 해고는 남성 중심의 노동조합, 정부 그리고 사용자 이렇게 삼자 간의 묵인 아래 이뤄지고 있다(조순경, 1998).

17) 대기업과 노동조합이 존재하는 기업의 경우 비정규직 활용 가능성이 높고 경제위기 이후 비정규직이 증가한 것으로 나타났다(김동배·김주일, 2002).

18) 1999년 기본급 6.7%인상, 특별 상여금 150%. ─ 2000년 기본급 9.7%인상, 특별 상여금 200%, 자기계발 수당 45,000원 신설. ─ 2001년 총 13.7%의 인상률로 타결, 기본급 10.8%인상, 호봉 승급분 별도(기본급 대비 약 1.2%), 자기계발 수당 45,000원 기본급화(기본급 대비 약 1.7%)(A호

정규직 노조는 적극적으로 저항하지 않는 방식으로 아웃소싱을 방조, 동조했다고 할 수 있다(Kahn, 1996).

용역 회사=자 회사

아웃소싱된 업무를 맡고 있는 용역 회사는 사실 자 회사이다. 호텔에서 정년 퇴임한 임원이 회사의 예우 차원에서 2년 정도씩 용역 회사 사장을 맡아서 하고 있어 1999년 이후 사장이 3번 바뀌었다. 용역 회사는 처음에는 12%정도의 이익을 낼 수 있을 거라 추측했는데 현재 5%정도의 이익만을 내고 있다. 인건비로 이익을 내는 아웃소싱은 40명을 투입해 일할 수 있는 공간에 대해 40명에 대한 인건비를 받고 실제로는 30명만을 투입해서 일을 시킴으로써 이익을 남기고 있다. 그 결과 노동 강도가 세지고 노동의 질이 담보되지 않는 등의 문제가 발생한다. 호텔 서비스의 질에 문제가 많다는 지적에 많은 연구들이 전문적인 아웃소싱 업체 육성을 대안으로 제시하고 있다. 그러나 이미 용역 회사들 모두 기업의 자 회사로 각자의 파이(몫)를 가지고 있다. 그러다보니 새로운 전문적인 아웃소싱 회사가 설 자리는 없다. A호텔 용역 회사가 6년 동안 한 일은 A호텔 계열 회사 식당을 맡은 것과 C호텔의 2개 층에 룸 메이드를 파견시킨 것이 전부이다.

객실 정비, 아웃소싱 후 중요한 일에서 단순한 일로 변화

아웃소싱되기 전에 객실 관리부서에서 가장 중요한 곳은 객실 정비

텔 노동조합 사이트 참고).

팀이었다. 그러나 객실 정비팀이 아웃소싱된 이후 객실 관리부서의 핵심 업무는 주문 전달실이 되었다. 현재 객실 관리부서에서 중요한 일이라 함은 이미 아웃소싱된 객실 정비 등의 업무를 제외한 상태에서 그나마 남아있는 몇 개 정규직을 대상으로 한 것이다. 이미 아웃소싱된 비정규직은 그 업무의 중요도와는 상관없이 중요한 업무로 평가받지 못하고 있다. 이를 통해 업무의 중요성을 판단하는 기준에 고용 형태라고 하는 것이 밀접하게 연관되어 영향을 끼침을 알 수 있다. 정규직으로 있을 때 객실 관리부서에서 가장 중요한 일로 추앙받던 객실 정비 업무는 아웃소싱된 이후 단순한 일로 간주돼 그 일의 중요성과 무관하게 단순·비숙련 업무가 되어버렸다.

아웃소싱 후 더 적은 인원과 보수, 더 다양하고 많아진 업무

객실 정비팀(룸 메이드, 점검원)은 정규직이었을 때보다 더 적은 인원, 더 적은 보수, 더 다양하고 많아진 업무를 하고 있다. 실제로 A호텔은 호텔 업계에서 일이 많기로 소문이 나 있는 곳이기도 하다. 객실 정비팀은 아웃소싱되기 전, 전체 룸 메이드와 점검원이 60여 명 정도 되던 것이 현재 54명으로 줄었다. 인력의 감소는 곧 높은 노동 강도를 의미하는데 높은 노동 강도에 상응하는 대가가 주어지지 않음으로 인해 객실 상품의 질과 서비스가 유지되기 힘든 상황이다.[19] 그리고 인원 부족으로 인해 점검원의 일을 룸 메이드

---

19) 그랜드힐튼호텔은 1992년에 룸 메이드를 용역으로 전환한 적이 있었지만 용역으로 채용된 직원들이 책임감이 부족하고 작업 능률이 떨어져 비용 절감 이상의 기대를 충족하지 못하자 다시 직접 고용의 계약직으로 전환했다(한국비정규노동센터 현장 리포트 팀, 2004).

가 함께 함으로써 룸 메이드의 업무와 책임이 대폭 확대되었다. 미니바 점검과 객실 점검이 그것인데 특히 룸 메이드 선에서 객실 정비 후 점검원의 점검 없이 직접 객실을 판매한다. 게다가 2년 전부터는 컴퓨터 활용 능력이 필수로 요구되고 있다. 호텔 중에서 객실 정비팀이 컴퓨터를 활용하는 곳은 이곳 밖에 없다. 객실 정비팀은 프런트 프로그램 등을 배워 사용하면서 객실 관리와 관련해 좀 더 많은 것을 인지하고 상황 통제를 할 수 있게 되었지만 그 반대급부로 객실 정비팀의 업무가 많아지고 그에 따른 책임도 많아졌다.[20] 아웃소싱 이후 적정한 보상 없는 높은 노동 강도와 책임 강화는 단순히 개인 노동자 수준의 힘듦의 문제가 아니라 해당 기업 이익과 밀접하게 연관되어 있다. 객실 정비팀은 아웃소싱 전에는 프런트에서 방을 몇 분 내로 만들어내라고 하면 최대한 짧은 시간 동안 열심히 만들어냈는데 아웃소싱 이후에는 그렇지 않다. 프런트에 객실 정비하는 데 필요한 넉넉한 시간을 얘기할 뿐이다. 열심히 일을 해서 돌아오는 보상이 없기에 굳이 열심히 할 필요가 없는 것이다. 이러한 조건에서 열심히 일한다면 그것은 그냥 나만 혼자 힘든 것이기 때문이다.

이처럼 아웃소싱 이후 객실 정비팀의 업무는 좀 더 많아지고, 다

---

20) 영국의 공공 병원이 수량적 유연화의 하나로 아웃소싱을 한 이후 아웃소싱 업체들 간의 경쟁으로 인해 여성 병동 보조원들의 노동 강도는 증가한 데 반해 임금·직무범위 등은 줄어드는 부정적인 영향을 받았다. 그에 반해 기능적인 유연화를 한 경우는 보상의 증가 없이 좀 더 노동 강도가 세졌을지라도 교육 훈련이 이뤄지고 직무의 범위를 확대해 책임감이 강화되어 여성 노동자에게 긍정적인 영향을 미쳤다(Kahn, 1999). 그러나 국내 수량적 유연화의 일환인 아웃소싱은 노동 강도 증가와 함께 교육 훈련이 줄었음에도 불구하고 직무 범위가 확대되고 책임감이 강화되면서 여성 노동자에게 부정적인 영향을 미치는 특이한 면을 보이고 있다.

양해지고, 전문화되는 특징을 보인다. 단순 업무로 간주되어 아웃소싱된 이후 더욱 많은 역할과 책임이 주어진다는 것은 상식적으로 쉽게 이해가 가지 않는다. 물론 정보 통신 분야나 외국의 아웃소싱 사례처럼 더 잘 할 수 있는 전문적인 아웃소싱 업체에 맡긴 것이라면 이해가 갈 수 있는 부분이기도 하다. 그러나 대세에 따른 호텔 내 주변화된 업무의 아웃소싱 과정은 비용 절감 차원에서 이뤄진 것으로 아웃소싱 이후 객실 정비팀은 더 열악한 조건에서 일을 하고 있을 뿐이다.

제6장

아웃소싱 대상 선정 기준은 '관행'

대부분의 호텔은 객실 정비(룸 메이드) 업무를 단순·비숙련 업무로 파악하고 아웃소싱하고 있는 추세이다. A호텔 역시 객실 관리부서 내 관리자와 몇 개 직종을 빼고 여성 직종(룸 메이드)을 중심으로 아웃소싱하였다. 그렇다면 과연 이러한 아웃소싱이 호텔의 아웃소싱 전략대로 핵심/주변 업무를 제대로 선정해 이뤄지고 있는가?

1. 핵심과 주변 업무 대상 선정 기준

한 기업의 핵심 역량(핵심 업무)은 "경쟁기업에 대해 절대적인 경쟁우위 창출을 가능하게 하는 기업의 독특한 자원과 능력의 조합"을 의미하는 것으로 시장에서 구입 가능하거나 재생산, 복제, 대체가 불가능한 유무형의 자산을 의미한다(삼성경제연구소, 1999). 핵심 인력은 기업의 핵심 업무를 하는 이들로 높은 직업 안정성과 함께 기업 특수적인 기술(회사가 외부로부터 고용할 수 없는 기술)을 가진다. 그에 반해 주변 인력은 기업의 성공과 직결되지 않는 주변 업무를 하는 이들로 적은 경력 기회, 덜한 직업 안정성, 기업 특수적이지 않은 기술을 가지고 외부 노동 시장에서 쉽게 조달할 수 있을 만큼의 숙련도만을 가진다(Atkinson, 1984; Paul Bagguley, 1990; 어수봉, 1997; 김대일, 2002; 김장호, 2003; 김주일, 2003; 김동배, 2004).

그러나 현실적으로 핵심과 주변 업무(혹은 인력)를 구분하기란 쉽지 않다. 핵심과 주변 업무를 구분하는 데 있어서 대부분 직종의 경우 동일한, 유사한 학력의 노동자는 그 직장에서 기업 특수적 기술이나 산업 특수적인 기술을 습득해나갈 수 있다(조순경, 1998). 뿐만 아니라 한 기업의 핵심 업무와 주변 업무는 그 기업이 속한 산업적 특수성과 기업적 특수성이 함께 고려된 상태에서 선별되어야 하는 것이다. 단지 사회적 가치로 단순 업무로 인정된 업무라고 해서 모든 산업과 기업에서 단순 업무일 수는 없다. 즉, 제대로 된 인력 정책을 펼치려면 각각의 산업에 따른 노동과 자본의 이해와 특징 등을 잘 알고 이를 기반으로 해야 제대로 된 인력 정책이 나올 수 있는 것이다. 그렇지 않을 경우 인력 정책은 구체적인 산업에서의 요구를 오도할 뿐만 아니라 충분한 노동력의 활용을 저해할 가능성이 높다(전명숙, 2000).

앳킨슨(Atkinson)의 유연 기업 모델을 호텔에 적용해 호텔의 핵심/주변 업무를 살펴본 연구에 따르면 룸 메이드는 핵심 영업직에 해당한다. 룸 메이드가 호텔에서 중요한 활동을 수행하는데다가 오랜 기간의 훈련을 통한 숙련이 요구되는 직종이라고 보기 때문이다. 그리고 호텔 간의 차별화 방식으로 서비스의 질이 중요하다고 보고, 서비스의 질에 룸 메이드와 같은 핵심 영업직이 중요한 영향을 끼친다고 보고 있다. 또한 룸 메이드와 같은 핵심 영업직의 경우 호텔 수준이 높을수록 더욱 숙련이 요구된다고 보고 있다(Guerrier & Lockwood, 1989). 이는 우리나라 대부분의 호텔이 룸 메이드를 주변 업무로 보고 아웃소싱시키고 있는 것과는 대조적인 결과이다. 이를 통해 우리나라 호텔이 아웃소싱 대상을 선정하는 데 있어서 문제가 있음을 짐작할 수 있다.

우리나라 호텔의 아웃소싱 전략에 따르면 아웃소싱을 도입할 부서나 대상을 선정하는 방법은 그 대상 부서나 대상 인력의 기능이 기업의 핵심 영역에 해당하는가 혹은 일상적인 기능인가 하는 것이다. 호텔의 핵심 영역은 호텔 상품(객실, 식음료)의 질과 서비스에 직접적인 영향을 끼치는지 여부와 고객에게 직접적인 서비스(대인 서비스)를 수행하는지 여부에 따라 결정된다.[1] 이것이 호텔 아웃소싱의 기본 법칙이다. 이러한 법칙에 따라 현재 많은 호텔들이 호텔의 핵심 상품이라 할 수 있는 객실과 식음료 부문의 대 고객 직접서비스(대인 서비스)에 집중하면서 그 외의 보이지 않는 부분의 서비스는 아웃소싱하고 있다(윤여송, 2002; 김석주, 2003).[2]

---

[1] 특히 특급 호텔은 높은 서비스의 질을 통해 다른 호텔과의 차별화를 시도하고 있다(최휴종, 1998; 조민호, 1998). A호텔 역시 특1급 호텔로 서비스의 질을 높이 평가하고 직원들을 대상으로 정기적으로 서비스 교육을 실시하고 있다. A호텔은 서비스의 질을 결정하는 직원이 호텔에서 가장 중요하다고 보고 직원이 행복하면 고객이 행복하고, 이는 기업 이익으로 연결되기 때문에 기업도 행복하다는 걸 강조하면서 직원이 적극적이고 자발적인 서비스를 해야 한다고 교육하고 있다.

[2] 아웃소싱 도입이 어려운 부서로는 인사 및 총무 / 프런트, 캐셔, 벨 맨 및 도어 맨, 웨이터(대인 서비스) / 조리사(식음료 생산) 등이다(윤여송, 2002). 이를 통해 대인 서비스와 호텔 상품(객실, 식음료) 생산이라는 기준을 가지고 아웃소싱 대상을 선정하고 있음을 알 수 있다. 여기서 객실을 생산하는 객실 관리부서와 달리 식음료를 생산하는 조리부서는 핵심 업무에

따라서 호텔 산업의 특수성을 고려한 호텔의 핵심/주변 기준을 호텔 상품(객실, 식음료)과 대인 서비스에 얼마나 직접적인 영향을 끼치는지 여부로 잡을 수 있다. 객실 관리부서의 경우 호텔 상품 가운데 객실을 생산하기 때문에 핵심/주변의 기준으로 객실 상품과 대인 서비스로 설정할 수 있다. 이 2가지 기준을 가지고 객실 관리부서의 핵심 업무로 간주되는 주문 전달실과 아웃소싱되어 주변 업무로 간주되는 객실 정비팀을 비교하였다. 객실 정비팀과 주문 전달실 비교를 통해 어느 쪽이 객실 상품의 질과 서비스를 결정하고, 대인 서비스를 하는지를 살펴봄으로써 객실 관리부서의 핵심 업무가 어느 곳에서 이뤄지는지를 알 수 있다.

2. 핵심 직무와 주변 직무 비교

객실은 작은 집으로 비유되어 고객이 편안하게 쉴 수 있는 공간으로 주거 공간이 갖춰야 하는 안전, 쾌적, 정숙, 청결, 프라이버시 확보 등을 기본 조건으로 한다. 고객이 호텔을 찾는 가장 기본적인 이유는 숙박을 해결하기 위해서이다. 고객은 자신이 지불한 대가에 대해 지극히 민감한 반응을 보이는데 로비나 복도 등의 청소 및 청결 유지에 관해서는 다소 관용을 보이나 객실 등의 불결에 대해서는 즉각적인 불평을 할 뿐 아니라 기억에서 쉽사리 지우지 않는다. 만약에 고객이 호텔의 기본 상품인 객실에 만족하지 못한다면 객실을 판매하는 프런트 직원이 로비에서 멋있는 복장과 함께 미소를 짓고 고객에게 서비스해봐야 아무런 소용이 없다(발렌 외,

해당하며 조리부서에서도 조리사는 숙련직으로 높은 평가를 받고 있다.

2004; 정종훈, 2003). 그만큼 호텔에서 객실 상품의 질과 서비스는 중요한 영향을 끼친다. 객실 상품이란 객실 정비를 비롯해 각종 고장 보수 사항 처리 등이 완료된 객실을 의미한다. 따라서 이 장에서 객실 상품은 객실 정비를 비롯해 미니바, 각종 고장 보수 사항 처리 등 객실을 완전한 상품으로 생산하는 데 필요한 모든 과정을 포함한다.

핵심 직무와 주변 직무의 업무 비교

객실 정비팀은 각 층에서 직접 객실을 정비하고 주문 전달실은 객실 정비팀이 객실을 정비하고 완전한 상품으로 만들어낼 수 있도록 타 부서와 중개하고 지원하는 역할을 한다. 객실 정비팀은 직접 객실을 상품으로 생산하는 룸 메이드와 그 객실이 상품으로서 문제가 없는지를 점검하는 점검원으로 구성되어 있다.[3] 주문 전달실은 각종 주문을 주고받으면서 중개 역할을 하는 주문 전달자와 층 심부름을 함으로써 객실 정비를 지원하는 층 지원자가 있다.

객실 관리부서의 주요한 업무는 객실 정비, 오더테이킹(odertaking, 이하 '주문 주고받기'), 미니바라고 할 수 있다. 객실 정비팀은 객실 정비와 미니바가 주요한 업무이고, 주문 전달실은 주문 주고받기와 미니바가 주요한 업무이다. 객실 관리부서의 주요한 업무를 중심으로 객실 정비팀(룸 메이드, 점검원)과 주문 전달실(주문 전달

---

3) 객실 정비팀은 룸 메이드, 점검원, 지원반으로 구성되지만 객실 정비를 직접 맡아서 하는 직종은 룸 메이드와 점검원으로 지원반은 간접적으로 지원하는 역할만을 한다. 이후 객실 정비팀은 룸 메이드와 점검원을 중심으로 기술한다.

자, 층 지원자)이 어떻게 맞물려 작동하는지는 <표-5>를 보면 자세히 알 수 있다.

〈표-5〉 객실 정비팀과 주문 전달실 업무 비교

	객실 정비팀	주문 전달실
객실 정비	한다(O)	하지 않는다(×)
주문 주고받기: 프런트(고객) → 주문 전달실 → 객실 정비	프런트와 고객으로부터의 주문을 직접적으로 수행한다.	프런트와 고객의 주문을 받아 객실 정비팀에 주문을 준다.4)
주문 주고받기: 객실 정비 → 주문 전달 실 → 각종 지원 부서	객실을 완벽한 상품으로 만들기 위해 객실 정비 과정에서 나타나는 각종 고장 보수 사항 등을 직접 점검하고 주문 전달실에 주문을 준다.	객실 정비팀의 주문을 받아서 객실 정비를 지원하는 객실 관리부서의 담당자(층 지원자, 목공 주임, 키 주임 등)나 해당 부서(전기실 / TV실 등)에 주문을 준다.
미니바5)	각각의 객실의 미니바를 직접 점검, 채우기, 입력(재실 객실)까지 전 과정을 맡아 한다. 미니바 재고량을 유지하고 물품의 유효기간 까지 관리한다.	체크아웃(check-out, 퇴숙)한 객실에 한해 룸 메이드가 점검한 결과를 알려주면 컴퓨터 미니바 프로그램에 입력한다.

4) 프런트에서는 룸 점검, 미니바 점검 등과 관련한 주문을 주문 전달실에 한다. 그리고 고객은 미니바나 객실 편의 용품을 갖다달라고 하거나 세탁물을 빼달라고 하는 등의 주문을 주문 전달실에 한다. 그러면 주문 전달실에서 이러한 주문을 실행하는 객실 정비팀 쪽에 주문을 준다.
5) 미니바(mini bar)란 호텔의 객실 내에 설치되어 있는 소형 냉장고와 미니바 장에 비치되어 있는 각종 음료, 주류 및 안주류를 품목으로 한다. 미니바 점검이란 고객이 먹은 미니바 물품을 점검하는 것이다. A호텔은 카지노호텔이라는 특성상 미니바 관련 매출이 높다. 카지노에서 고객에 대한 서비스 차원에서 고객 등급에 따라 객실의 미니바를 무상으로 제공하기 때문이다. 미니바 연 매출이 20억이 넘고, 객실 관리부서에서는 가시

<표-5>를 보면 주문 전달실의 주요한 업무인 주문 주고받기와 미니바 업무가 객실 정비팀 없이는 전혀 이뤄질 수 없다는 것을 알 수 있다. 주문 전달실은 객실 정비팀과 다른 부서 간의 각종 주문을 중간에서 중개하는 역할을 하기 때문에 객실 정비팀이 없다면 그 일의 존재이유가 없다. 객실이 있기 때문에 객실과 관련한 각종 업무가 발생하는 것이다. 즉 주문 전달실은 말 그대로 주문만 주고받는 곳이고 실전에서 직접 그 주문을 주고받으면서 업무를 수행하는 곳은 객실 정비팀이다. 객실 정비팀은 객실 정비를 주요 업무로 하면서 주문 주고받기와 미니바 업무까지 하고 있음을 볼 수 있다. 객실 정비팀에게 객실 정비를 하면서 함께하는 주문 주고받기와 미니바 업무는 객실을 완전한 상품으로 만드는 데 일부인 업무이다. 객실 정비팀이 맡은 객실 정비는 객실의 청소와 침대 꾸미기(bed making), 객실 정리 및 객실 편의 용품(amenities) 유지 관리 업무를 수행하는 것이다. 주문 전달실은 객실 정비에서 맡고 있는 객실 정비 업무를 전혀 하지 않는다. 물론 주문 전달실의 층 지원자가 객실 정비팀의 근무 시간 외에 지원을 하고 있지만 어디까지나 보조적인 수준일 따름이다.[6] 주문 전달실은 객실 생산 과정에서 주문 전달을 신속하게 전달해 객실 생산이 지연되지 않도록 함으로써 객실 생산에 간접적인 영향을 미치고 있다.

주문 전달실의 중개 역할이라고 하는 것의 성격은 주문 전달실

적인 이익을 내는 업무로 상당히 중요하다고 할 수 있다.

6) 객실 정비팀이 퇴근한 오후 6시 이후로는 객실 정비를 하지 않는 게 원칙이기 때문에 층 지원자는 고객의 요청이 있을 경우에 한해 간단하게 시트나 타월을 교체하는 정도로 객실 정비를 한다. 어두워진 이후에 객실을 정비해달라고 하는 고객은 흔치 않기 때문에 일은 적다.

이 어떻게 작동하는지를 살펴봄으로써 더 잘 드러난다. 주문 전달실이 바쁜 시간대를 살펴보면 객실 정비팀이 근무하는 오전 9시부터 저녁 6시까지라는 것을 알 수 있다.[7] 객실 정비팀의 본격적인 업무 시작 시간인 오전 9시에는 주문 주고받기와 미니바 업무가 많아진다. 그러다가 객실 정비팀의 점심시간대인 12시부터 2시 사이에는 일이 거의 없고, 일이 있다고 하더라도 점심식사로 인해 업무가 지체된다. 객실 정비팀이 퇴근한 7시 이후로는 일이 현격하게 줄어든다. 이처럼 주문 전달실이 바쁜 시간대와 객실 정비팀의 업무 시간대가 긴밀하게 연관되어 있다는 것은 주문 전달실의 운영이 객실을 직접 생산하고 관리하는 객실 정비팀을 중심으로 이뤄진다는 것을 의미한다.

지금까지 살펴본 것처럼 호텔의 핵심 상품 가운데 하나인 객실을 직접적으로 생산하는 곳은 객실 정비팀이 맡고 있고, 주문 전달실은 객실 생산이 원활하게 진행될 수 있도록 간접적으로 지원하고 있다.[8]

---

7) 고객이 24시간 머무는 특징에 따라 호텔은 24시간 영업을 한다. 객실 관리부서의 주문 전달실은 24시간 근무하는데 주문 전달자는 2교대로 오전 7시부터 밤 10시까지 근무하고 층 지원자는 3교대로 24시간 근무를 한다. 이에 반해 객실 정비팀은 오전 9시부터 오후 6시까지만 근무한다.

8) 주문 전달실은 객실 정비팀처럼 호텔에서 반드시 필요한 없어서는 안 되는 업무가 아니다. 요즘은 주문 전달실 없이 객실 정비팀과 다른 부서들이 직접 연락을 취하는 원 스톱(one stop) 업무 처리 방식도 생겨나고 있다. 많은 호텔들이 고객 편의 위주보다는 기능 위주로 업무 및 조직을 구성하고 있는데 이것이 오히려 서비스 시간을 연장시키고 있다. 객실 정비 업무와 관련해 기존에는 고객 또는 프런트 데스크로부터 주문 전달자가 접수 및 기록 후 객실 정비팀에게 통보하는 복잡한 업무 과정을 거쳤으나 원 스톱 팀으로 변경하면 직접 객실 정비팀에 통보함으로써 업무처리 절차를 간소화시킨다. 신속한 처리가 가능함으로써 고객 만족도가 증대하게 된다(정종훈, 2003).

핵심적인 일을 하는 주변 직무

객실 정비팀이 객실을 생산한다는 것은 곧 객실의 질을 결정하는 곳이라는 의미이기도 하다. 객실 정비팀의 객실 정비작업은 고립된 객실(1인 1실 정비)에서 이뤄진다. 이는 작업하는 과정이 가시적으로 드러나지 않기 때문에 객실 정비팀의 자율성이 그만큼 많다는 의미이기도 하다. 한편으로 자율성이 많다는 것은 객실 정비팀원 개개인의 청결도를 비롯한 객실 정비 기준에 따라 객실의 질이 결정된다는 의미이기도 하다.[9] 필자는 객실 정비를 하면서 욕실바닥이 깨끗하면 굳이 청소하지 않고 물만 끼얹는다든지, 눈에 잘 띄지 않고 손이 잘 가지 않는 곳은 그냥 건너뛰었다. 실제로 이러한 객실 정비팀원 개개인의 청결도에 따른 객실 정비는 필자가 객실 정비 상태를 점검하는 점검원 일을 할 때 더욱 명확하게 알 수 있었다. 객실 정비가 완료된 객실의 경우라도 여러 가지 결함을 가지고 있었다. 객실 5개를 점검하면서 나온 점검 사항은 다음과 같다. "전구교체, 금고 에러, BGM 등 이상, 유카타 빼 먹은 것, TV 화면 불량, 스푼이나 컵이 지저분함, 커튼 고리 하나가 빠져 떨어져 있음, 티슈 삼각으로 접지 않음." 이상은 객실 정비 시 반드시 체크해야하는 것들인데도 정비 시 놓쳐지고 있는 것이다.

이처럼 객실 정비의 질이 담보되지 않는 데는 객실 정비팀 개개인의 청결도만이 아니라 객실 정비 조건과도 밀접한 관련이 있다.

---

9) 객실의 질은 객실 정비팀원의 청결도 기준뿐만 아니라 고객과의 관계, 호텔과의 관계, 업무량 등에 따라서도 많은 영향을 받는다. 실제로 고객이 객실을 너무 지저분하게 쓰거나 마음에 들지 않을 경우 객실 정비팀은 아주 최소한의 것만 정비하고 더 해 줄 수 있는 것도 안 해주기도 한다.

제한된 인원, 많은 객실로 인해 주어진 시간 대비 정비해야 할 객실이 많아 객실 정비가 최소한도로 이뤄지고 있다. 객실의 질을 높이기 위해 적어도 룸 메이드 1인당 하나씩 객실 점검표를 가지고 다니면서 자신이 정비한 객실을 자가 점검해야 하는 것이 원칙이지만 바쁜 업무로 전혀 실행되고 있지 못하다. 점검원 역시 룸 메이드가 청소한 객실에 문제가 없는지 정도만 걸러내는 수준으로 점검을 하고 있다. 점검원은 1인당 2개 층의 총 92개 객실을 맡아 시간대별로 객실 상황을 체크하고, 객실 정비가 완료되는 대로 객실을 점검해 상품으로 판매할 수 있도록 잭을 눌러 프런트에 알린다. 점검원 수 대비 점검 업무가 많다보니 룸 메이드도 점검원 점검을 거치지 않고 객실 정비 완료 잭을 눌러 직접 객실을 팔고 있다.

실제로 객실 정비팀도 공식적으로는 객실 정비에 관해 하나부터 열까지 손이 안 가는 곳이 없도록 해야 한다고 말하고 있기는 하지만 각자 자신의 객실 정비 기준과 주어진 객실 정비 조건에 따라 객실 정비를 하고 있었다. 이처럼 객실 정비팀은 객실을 직접 생산하는 과정에서 제한된 인원으로 많은 객실을 정비하면서, 각각의 객실 정비 기준을 가지고 객실 정비를 함으로써 객실 상품의 질에 직접적인 영향을 미친다. 그에 반해 주문 전달실은 객실 정비팀을 지원하는 역할만을 하기 때문에 객실 상품의 질에 간접적인 영향만을 끼치고 있다.

객실 정비팀이 객실의 질에 영향을 미친다는 것은 호텔 측의 객실 정비에 대한 강도 높은 관리 감독을 통해서도 잘 드러난다. 일반적으로 호텔은 객실의 질 관리를 객실에 대한 관리 감독을 강화하는 방향으로 하고 있다. 고객의 컴플레인 등이 발생하거나 할 때 객실 정비팀은 경위서를 작성하는 것은 기본이고, 심한 경우에는 해고까지 당한다. 호텔은 객실 정비 업무를 단순 업무로 보면서도 고객이 묵는 객실은 호텔의 핵심 상품이기 때문에 관리적인 측면에서 많은 신경을 쓰는 모순적인 태도를 보인다.

서비스 산업인 호텔에서 고객 불만(complaint, 이하 '컴플레인')은 그 서비스의 질을 드러내주는 것으로 인식된다.[10] 호텔에서 주로 컴플레인이 나는 곳은 객실 부문과 식음료 부문으로 객실이 호텔 컴플레인의 2/3정도를 차지한다. 이는 고객이 객실 상품을 통해서 호텔의 서비스를 읽는다는 의미이다. 고객은 객실의 청결 상태에 특히 민감한 데다가 청결에 대한 기준도 사람마다 다르기 때문에 객실이 아무리 깨끗해도 고객이 컴플레인을 하면 지저분한 객실이고, 지저분하다고 할지라도 고객이 컴플레인을 하지 않으면 깨끗한 객실이 된다.[11] 고객이 컴플레인을 하지 않는다고 해서 안심할 문제는 아니다. 고객 대부분이 불만을 외부로 표출하지 않고, 속으로 불만을 느낀 뒤 호텔을 두 번 다시 방문하지 않는 경우가 더 많기 때문이다.[12]

---

10) A호텔은 직원들을 대상으로 컴플레인 사례를 묶은 자료집을 토대로 한 컴플레인에 관한 교육을 하고 있다.

11) 객실에 대한 고객의 청결도 기준이 다양하다는 것을 보여주는 사례가 있다. 한 일본인 고객은 미니바 냉장고 위(눈에 띄지 않는 곳)에 먼지가 있고, 슈밑(구두 닦는 종이)을 사용했는데도 객실 정비 시 갈아주지 않았다면서 객실이 너무 지저분하다는 컴플레인을 냈다. 이와 달리 어떤 고객은 시트 위의 머리카락이나 지저분한 컵에 대해 아무 말도 하지 않는 경우가 있다.

12) * 고객 유실: 다시 돌아오지 않는 고객의 68%는 무관심한 서비스로 인해 발생한다. 나머지 32%는 사망, 이사, 경쟁 호텔 등으로 호텔을 옮긴다.
* 불만: 전체 불만 고객의 5%만이 불만을 이야기한다. 즉, 20명의 고객 중 1명만이 불만을 제기한다. 불만을 이야기하지 않는 대다수 고객의 1/2

이처럼 고객은 객실을 통해서 호텔 서비스를 읽고, 따라서 객실이 호텔 서비스의 척도가 되고 있다. 객실과 관련한 컴플레인은 대부분이 객실의 청결 상태라든지, 객실 내부 시설의 고장 보수 사항 등과 관련한 것으로 그에 대한 책임은 객실을 직접 생산하는 객실 정비팀이 지고 있다. 이를 통해 객실 정비팀은 객실 상품의 질을 결정함으로써 호텔 서비스에까지 직접적인 영향을 미치고 있음을 알 수 있다. 그에 반해 주문 전달실은 직접 객실을 생산하지 않기 때문에 컴플레인과 직접적인 관련도 없을 뿐만 아니라 그에 따른 책임도 지지 않고 호텔 서비스에도 별 영향을 끼치지 않는다.

지금까지 살펴본 것처럼 객실 상품을 직접 생산하고 객실 상품의 질과 서비스에 직접적인 영향을 끼치는 것은 주문 전달실이 아닌 객실 정비팀이다. 주문 전달실은 객실 정비팀이 원활하게 객실 정비를 할 수 있도록 지원하는 간접적인 역할을 할 뿐이다. 따라서 객실을 직접 생산하는 객실 정비팀은 객실 관리부서의 핵심이라고 할 수 있다. 이는 호텔 핵심 상품 중 하나인 식음료를 생산하는 조리부서가 핵심 업무로 간주되고 그 중에서도 조리사는 핵심 업무로 높은 평가를 받고 있는 것과 같은 원리인 것이다.

이상은 호텔을 재방문하지 않는다. 불만을 말하지 않는 고객은 친구나 평소 안면이 있는 사람에게 호텔 서비스가 아주 나쁘다는 말을 한다. 단체 고객의 13%는 각각 20명의 사람에게 호텔의 불친절을 이야기한다.
 * 비용: 기존의 고객 관리에 소요되는 비용보다 신규 고객을 유치하는 데 소요되는 비용이 5배 더 많다(발렌 외, 2004).

3. 주변 직무는 대인 서비스를 하지 않는다는 통념

서비스 산업인 호텔에서 가장 중요하게 보는 것은 고객과 접촉하며 서비스를 생산하고 제공하는 종업원이다(조민호, 1998). 이는 서비스 제공 과정에서 종업원이 고객과 직접 접촉하면서 서비스의 질을 결정하기 때문이다. 따라서 호텔에서는 대인 고객 서비스를 하는 부서를 중요하게 간주해 서비스 교육을 강화하고 있다. 객실 부문은 고객과 접촉하며 서비스를 제공하는 영업부서에 해당한다. 그러나 같은 영업직이라고 하더라도 고객과의 접촉도에 따라서 대인 서비스 직종과 그렇지 않은 직종으로 나뉜다. 객실 부문에서는 객실부서의 고객을 직접 상대하는 프런트(front office: 벨 맨, 도어 맨, 프런트 등)를 대인 서비스를 하는 곳이라고 본다. 그에 반해 객실 관리부서는 객실을 지원하는 부서로 대인 서비스를 하지 않는 곳으로 인식되고 있다.[13] 객실 관리부서가 아웃소싱의 주요한 대상이 되는 이유 가운데 하나가 바로 대인 고객 서비스를 하지 않는다는 통념에 따른 것이다. 그러나 실제로 객실 관리부서는 대인 서비스를 하고 있다.

객실 관리부서가 대인 서비스를 함에도 불구하고 하지 않는다고 간주되는 데는 객실 관리부서가 가진 객실 정비 업무의 성격 때문이다. 호텔이 객실 정비팀에게 바라는 것은 고객을 방해하지 않고 객실 정비를 해내는 것으로 객실 정비팀은 보이지 않는 존재이길

---

13) '한국관광호텔협회'의 통계자료 분류에 따르면 '접객직 종사원'은 식음료부서(웨이터, 웨이트리스), 객실부서(프런트), 현관부서(벨 맨, 도어 맨 등)이다. 요리, 판촉, 경비, 시설, 룸 메이드, 하우스키퍼 등은 '기타 종사원'으로 분류하고 있다.

바란다(Goffman, 1959; Adib & Guerrier, 2003 재인용). 호텔은 객실 정비를 하는 이들이 대인 서비스를 한다고 생각하지 않고 그렇게 기대하지도 않는다. 그 결과 대인 서비스는 객실 관리부서의 공식적인 업무에 포함되지 않고 있다.

주변 직무의 높은 고객 접촉도

고객 접촉도는 호텔에서 중요하게 간주하는 대인 서비스 수준을 알 수 있는 척도라고 할 수 있다. 이를 통해 객실 관리부서에서 대인 서비스에 직접적인 영향을 끼치는 곳이 어느 곳인지 알 수 있다. 객실 관리부서의 객실 정비팀과 주문 전달실의 고객 접촉도는 <표-6>에 자세히 나타나 있다.

〈표-6〉 객실 정비팀과 주문 전달실의 고객 접촉도

	객실 정비팀 (룸 메이드, 점검원)	주문 전달실 (주문 전달자, 층 지원자)
고객 접촉도	룸 메이드·점검원 : 고객과 대면. 객실 관리부서에서 가장 높은 고객 접촉도를 가진다. 특히 고객들이 직접 메이드에게 필요한 물품을 요청하기도 한다. 재실 청소를 하게 되는 경우 반드시 고객과 접촉하게 된다(고객 선호 사항14) 작성).	주문 전달자 : 고객과 대면하지 않음(전화상으로만 접촉). 층 지원자 : 층 심부름을 뛰면서 고객을 만나기도 한다. 주로 빈 방에 층 심부름을 많이 간다. 객실 정비팀이 퇴근한 이후에 하는 층 심부름일 경우 고객 접촉도가 높다.

---

14) 고객 선호 사항(Guest Preference Form)은 룸 메이드가 작성하는 것으로 자주 찾는 고객에 대한 객실 이용과 관련한 특징을 기록하도록 하고 있다. 호텔에서는 이것을 기반으로 고객의 이력을 작성한다(8장의 <표-9>

위의 표에서도 드러나듯이 객실 정비팀의 고객 접촉도가 주문 전달실보다 높게 나타나고 있다. 주문 전달자는 전화상으로만 고객과 접촉함으로써 고객과의 직접적인 접촉이 없다. 주문 전달실에서 고객과 직접 접촉하는 것은 층 지원자로 이들은 객실 정비팀이 퇴근한 후에 보조적인 차원에서 고객을 접하기 때문에 객실 정비팀보다 낮은 고객 접촉도를 보인다. 객실 관리부서에서 객실 정비팀이 가장 고객 접촉도가 높은 이유는 객실을 정비하면서 객실을 출입하는 고객과 잦은 접촉을 하기 때문이다.[15] 여기서 말하는 고객과의 잦은 접촉은 단지 고객과 자주 마주치는 것만을 의미하지 않는다. 오전 9시부터 오후 6시까지 객실 정비를 하다보면 고객이 각종 요구를 해온다. 고객들은 주문 전달실에 연락해 객실 용품이나 세탁물 등과 같은 것을 해결하기도 하지만 주문 전달실을 거치지 않고 객실 정비 중에 있는 룸 메이드나 점검원을 통해 문제를 해결하기도 한다. 고객들은 객실 정비팀에게 객실 내 편의 용품에 대한 문의뿐만 아니라 객실 시설 이용과 관련한 문의나 호텔 시설 이용, 호텔 주변 정보 등에 대한 것도 문의한다.[16] 이처럼 객실 정

참고).

15) 호텔에서 고객이 반드시 만나는 이들과 횟수는 도착 1(접촉 횟수), 프런트 데스크에서의 문의 1, 벨 맨 1, 룸 메이드 1, 교환 1, 커피숍의 웨이트리스 1, 버스 기사 2, 캐셔 1, 뉴스 스탠드 1이다. 객실 수 300개, 객실 점유율 70%, 복식 객실 점유율 33%인 호텔에서 종업원과 고객이 하루에 만나는 횟수는 2,800번이다(발렌 외 저, 2004). 이처럼 룸 메이드(객실 정비팀)는 고객이 호텔에 숙박하면서 다른 대인 서비스직과 마찬가지로 한 번 이상은 반드시 만나게 되는 이들이다. 그에 반해 주문 전달실은 반드시 만나는 이들이 아니다.

16) 각 층에서 고객이 직접 룸 메이드에게 세탁물을 주는 주문을 주기도 한다. 특히 룸 메이드를 불러서 세탁물 청구서(laundry bill)를 모두 작성해 달라고 하는 경우도 많다. 이럴 경우 고객에게 세탁을 일반으로 할 건지

비팀은 주문 전달실보다 높은 고객 접촉도를 보일 뿐만 아니라 높은 수준의 대인 서비스까지 하고 있다.

고객에 대해 가장 잘 알고 있는 곳, 주변 직무

고객과의 높은 접촉도는 객실 정비팀이 고객들의 객실 사용 불편 사항 등에 대해 가장 먼저 알고 그에 대한 즉각적인 개선을 할 수 있게 한다. 호텔에서는 고객들이 프런트에 연락해 컴플레인을 하지 않는 이상은 고객들의 불만을 알지 못한다. 그러나 각 층의 객실 정비팀은 직접 고객을 접하면서 그들의 불만이 어떤 것인지를 알아내고 그에 대한 대처를 하고 있다. 요즘 증가하고 있는 중국인 고객의 경우는 상당수가 영어를 하지 못하는데다가 호텔 프런트에서도 중국어를 할 줄 아는 사람이 한 사람밖에 없기 때문에 의사소통에 있어 많은 어려움이 있다. 고객과의 의사소통이 불가능할 경우 주문 전달실 같은 경우는 고객에게 아무런 도움도 줄 수가 없다. 그러나 각 층에 있는 객실 정비팀은 오랜 경력으로 언어가 안 되더라도 고객의 표정이나 손짓 등을 통해 고객이 무엇을 원하는지를 알아낸다.

각 층의 객실에서는 고객과 관련한 다양한 상황이 발생한다. 이는 객실 정비팀의 작업장인 객실이 호텔의 로비나 식당 등과 달리 사적 공간으로 인식되기 때문으로 호텔 내 다른 대인 서비스 직종에서보다 더 다양한 대인 서비스 상황에 놓이는 것이다.

특급(express)으로 할 건지를 설명해야 하고 각각의 가격 차이와 시간 차이, 그리고 세탁물이 언제 도착하는지 등을 모두 알고 설명해야 한다.

카지노 고객(일본 남성)이 술에 취한 상태에서 객실 정비가 안 됐다며 행패를 부렸다. 체크아웃(퇴숙) 예정이었던 고객이 오후 늦게 연박(연장, Extention)처리를 해 아직 청소가 안 된 상태였다. 고객은 객실 정비가 안 되었다며 객실 밖에 있던 룸 메이드에게 휴지통과 의자를 비롯한 각종 객실 용품을 던졌다. 해당 층을 맡은 객실 정비팀(점검원, 룸 메이드)이 합세해서 고객을 진정시키며 사태 수습에 나섰다. 그러면서 객실 관리부서 사무실과 프런트, 카지노에 급하게 연락했으나 주문 전달실에서는 카지노에서 해결할거라며 아무도 층으로 올라오지 않았다. 그리고 복도에 CCTV가 있는데도 불구하고 보안과에서도 아무도 올라오지 않았다. 한참 후에 프런트에서 담당자가 올라왔으나 오히려 진정되는 중이던 고객의 화를 더 돋우는 바람에 결국 전화기가 날아 갔다. 한참 있다가 사건이 거의 진정된 후에 카지노에서 올라왔다(현장 일지 2005. 1. 12).

위의 사례에서도 보이듯이 해당 층에서 상당히 소란스럽게 발생한 일임에도 불구하고 프런트와 카지노에서는 객실 정비팀이 알리지 않은 이상 사건이 발생했는지도 모른다. 그리고 객실 정비팀 외에는 그 사건의 진상을 잘 아는 이들이 없을 뿐 아니라 이러한 상황에 제대로 대처해내지 못하고 있다. 이처럼 객실 정비팀은 각 층에서 발생하는 다양한 상황들을 접하고 있고 이를 고객 서비스 차원에서 접근해 해결해나가고 있다.

뿐만 아니라 객실 정비팀은 고객에 대한 서비스의 일관성을 유지하고 있다. 턴다운 서비스(Turn down service)[17]와 관련해서 주문 전달실에서 매일 턴다운 할 객실 리스트를 작성해 보내준다. 그러

---

17) 호텔 고객이 잠자리에 편하게 들 수 있도록 침대 커버를 벗겨주고, 은은한 조명과 음악을 깔아주는 것으로 중요한 고객이나 중요한 단체, 3박 4일 이상 투숙객 등에게 해주는 것이다.

나 각 층에서는 그 리스트만 보고 턴다운을 실행하지는 않는다. 턴다운 리스트를 보면 며칠 동안 묵는 고객인데 어제는 턴다운을 하다가 오늘은 빠져있고 내일은 다시 하는 경우가 많기 때문이다. 이러한 일관적이지 않은 고객 서비스는 고객의 기분을 상하게 하고 실제로 턴다운과 관련한 컴플레인이 있기도 했다. 이런 경우 룸 메이드는 고객 서비스의 일관성을 위해서 개인 판단으로 턴다운을 실시하기도 하며 단골 고객인 경우에는 자율적으로 해주기도 한다. 이처럼 주문 전달실은 각 층의 객실 상황을 잘 모르기 때문에 고객 서비스에 오히려 부정적인 영향을 끼치고 있다. 그에 반해 객실 정비팀은 주문 전달실의 오류를 수정해가면서 서비스의 일관성을 유지시키며 고객 서비스의 질에 큰 영향을 미치고 있다.

이처럼 고객은 투숙과 퇴숙 절차라는 그 짧은 시간 외에 상당한 시간을 객실에서 보내고, 객실 정비팀은 객실 생산뿐만 아니라 그 고객이 묵고 있는 동안의 서비스까지 맡고 있다. 이는 호텔이 객실 정비팀은 공식적으로 고객을 접촉하지 않는다고 보고 대인 고객 서비스를 객실 정비팀의 공식적인 업무로 포함하지 않는 전제에 반대되는 결과이다. 대인 서비스를 하지 않는다고 간주되는 객실 관리부서는 실제로 대인 서비스를 하고 있다. 그 중에서도 객실 관리부서에서 고객과의 잦은 접촉을 통해 고객의 요구를 해결하는 높은 수준의 대인 서비스를 하고 있는 곳은 객실 정비팀이다. 그에 반해 주문 전달실은 전화상으로만 고객을 접하거나 객실 정비팀이 퇴근한 이후 보조적인 차원에서 고객을 접하기 때문에 고객 접촉도가 낮고 그만큼 대인 서비스 수준도 낮다. 따라서 대인 서비스라는 기준에 따르면 객실 관리부서의 핵심 업무는 주문 전달실이 아닌 객실 정비팀이 된다.

4. 아웃소싱 대상 선정의 기준은 '관행'

호텔의 아웃소싱 전략에 따르면 아웃소싱 대상 선정 기준은 객실 상품에 직접적인 영향을 끼치는지와 대인 서비스를 하는지 여부이다. 이 기준을 가지고 객실 관리부서의 주문 전달실(정규직)과 객실 정비팀(비정규직) 가운데 어느 곳이 핵심 업무인지를 비교해 보았다. 두 곳을 비교한 결과 아웃소싱된 객실 정비팀이 정규직 주문 전달실보다 객실 상품의 질과 서비스에 직접적인 영향을 끼칠 뿐만 아니라 대인 서비스 수준도 높아 핵심 업무임이 드러났다.

그러나 호텔이 객실 정비팀을 단순 업무로 파악해 아웃소싱한 데는 아웃소싱 전략을 실행하면서 제대로 된 아웃소싱 대상 선정을 하지 않았기 때문이다. 호텔 역시 사회에서 주변 업무로 단순하다고 인식되는 업무를 주변 업무로 규정하고 있다. 객실 정비팀은 청소라는 가사 관련직으로 사회에서 단순 업무라고 평가 받고 있는 일이다. 결국 호텔의 아웃소싱은 아웃소싱 전략에 따라 대상 선정을 한 것이 아니라 기존의 주변 노동을 대상으로 '관행'에 따라 이뤄졌다.[18]

---

18) 1987년 영국의 사업주를 대상으로 한 노동 사용 전략 조사를 보면 앳킨슨 모델대로 하는 사업주는 소수에 불과해 5%정도이고 아무리 많다 해도 15%를 넘지 않는다. 그리고 사업주들은 산업 분야, 규모, 위치, 수익성이나 다른 조직적인 특징이라는 것을 고려하지 않고, 심지어는 주변 노동자들을 사용하는 패턴, 집중, 범위가 기존의 전통적이고 기회주의적인 정책들을 가진 사업주와 다르지 않았다. 실제로 주변 노동자들 대다수는

이 관행이라 함은 우리 사회 여성 노동에 대한 저평가가 팽배한 가운데 여성 직종인 객실 정비가 단순 업무로 간주되어 비정규직화된 것을 의미한다. 호텔이 객실 정비팀을 아웃소싱 대상으로 선정한 데는 여성 직종이라는 것과 청소라는 가사 관련직이라는 것이 결합된 결과라고 할 수 있다.

A호텔은 여성 직종을 중심으로 아웃소싱을 시키면서 객실 정비팀이 단순 업무이기 때문에 아웃소싱한다고 정당화했다. 그러나 지금까지 살펴본 바에 따르면 객실 정비팀은 아웃소싱 전략에 따라 주변(단순) 업무라서 아웃소싱된 것이 아니다. 객실 관리부서의 정규직과 비정규직을 비교한 결과 아웃소싱된 비정규직 객실 정비팀은 호텔의 핵심 업무에 해당된다. 이러한 결과는 A호텔의 아웃소싱이 단순 업무라고 간주된 여성 직종을 대상으로 관행에 따라 이뤄졌음을 잘 보여준다. 그렇다면 여성 노동에 대한 이러한 인식의 고리를 끊기 위해서는 어떻게 해야 할 것인가? 비정규직화된 여성 직종이 정말로 비정규직 통념처럼 단순·비숙련한지를 따져봐야 할 것이다.

핵심/주변 간의 명확한 구분 아래서가 아니라 전통적으로 주변 노동자를 사용해오던 관행이 있어온 곳에서 일하고 있다(파트타임, 임시직, 계약직, 프리랜서 등). 따라서 현재의 노동력 구조조정은 핵심 노동력의 확장이나 대체로서가 아니라 주변적인 노동력의 사용에 대한 전통적이고 기회주의적인 접근으로의 집중과 지속에 따른 것이라고 할 수 있다(Hakim, 1990).

제 3 부

비정규직과 정규직의 숙련 비교

노동 시장 유연화와 관련한 많은 연구들은 핵심과 주변 업무를 나누는 기준으로 숙련을 핵심 요소로 보고 있다. 실제로 많은 기업들은 정규직은 숙련이고 비정규직은 단순·비숙련이라고 하는 전제를 수용해 단순 업무라며 비정규직화시키고 있다. 그리고 그 결과 비정규직은 단순·반복적인 업무를 하는 이들로 규정되고 인식되고 있다. '비정규직=단순·비숙련'이라는 통념은 비정규직 전체 노동력에 대한 가치 평가 절하를 가져올 뿐 아니라 여성 노동에도 부정적인 영향을 끼친다. 비정규직에 대한 평가 절하는 여성 비정규직이 70%인 상황에서 여성 노동력에 대한 가치 평가 절하로 이어지고 있다. 게다가 비정규직 차별이 명백한 여성에 대한 성차별일지라도 단순·비숙련인 비정규직에 대한 차별이라는 외피를 씀으로써 성차별이 비가시화되고 있다. 이러한 비정규직과 여성 노동 간의 순환 고리를 이해한다면 고용 형태에 따른 여성 노동에 대한 차별과 평가 절하를 문제 제기하기 위해 비정규직에 대한 우리 사회 통념이 타당한지 살펴보는 것이 수순일 것이다. 따라서 이 장에서는 핵심과 주변 업무의 판단 기준인 숙련을 가지고 비정규직 여성 직무와 정규직 남성 직무를 비교해 어떤 일이 더 숙련 업무인지를 살펴봄으로써 비정규직은 단순·비숙련하다는 전제가 유효한 것인지를 드러낼 것이다.

먼저 숙련을 무엇으로 볼 것인지를 정의하기 위해 기존의 숙련 개념이 가지는 한계를 지적하고, 어떤 숙련 구성 요소들이 있는지를 볼 것이다. 그리고 비교 대상인 비정규직 룸 메이드와 정규직 층 지원자의 노동 과정을 통해서 드러나는 각각의 직무 특성에 따른 숙련 구성 요소를 추출해낸 후 이 숙련 요소들을 중심으로 룸 메이드와 층 지원자의 숙련 수준을 비교 분석할 것이다. 숙련 수준을 비교하는 데 있어 고용 형태 외의 성별 변수를 두는 것은 성별이 고용 형태를 결정하는 데 주요한 영향을 끼치는지를 살펴보기 위함이다.

제 7장
숙련은 사회적 구성물

1. 숙련의 한계와 재정의

자본주의 사회에서 일을 평가할 때 숙련은 중요한 의미를 지닌다. 시장에서 교환이 이뤄지기 위해서는 교환의 기준이 필요하고 일(직무)의 교환 기준은 바로 숙련이기 때문이다. 직무는 노동 수행 능력을 말하는데 이 노동 수행 능력은 숙련을 통해서 객관적인 지표로 전환된다. 노동 시장의 균형을 위해서는 직무 위계와 임금 위계 사이에 숙련이라는 매개 변수가 필요하다(강신준, 1998). 따라서 일에 대한 평가는 그 일에 대한 숙련 수준에 대한 평가와 밀접하게 연관되어 있다. 실제로 노동 시장 유연화와 관련된 많은 자료들은 숙련 형성이라고 하는 것을 정규직의 핵심적인 변수로 간주하고 있다(김동배 외, 2004). 이처럼 정규직과 비정규직을 가르는 변수 가운데 하나로 숙련이라고 하는 것이 큰 의미를 차지한다.

일을 평가하는 핵심인 숙련은 절대적·객관적 기준을 가지고 있지 않다. 일반적으로 숙련은 작업(work)이나 직무(job)의 기술적 이

해의 정도, 구상과 실행의 통합, 노동력에 의한 자율적 통제로 이해된다. 그러나 숙련은 과학적, 객관적인 숙련의 구성 요소, 즉 기술적 구성에 의해 평가되기보다는 사회적 힘의 관계에 의해 평가된다. 기술적으로는 숙련직이라고 할지라도 사회적으로 미숙련으로 인지될 때 그 직무는 미숙련직으로 규정된다(조순경, 1996; 김미주, 1988). 여성들이 수행하는 많은 종류의 미숙련/비숙련 노동은 기술적으로가 아니라 사회적으로 그렇게 규정된 것이다.

룸 메이드는 한국표준직업분류에 따르면 '단순노무종사자' 가운데 '호텔 및 음식업소 청소 종사자'에 해당한다.[1] 이미 룸 메이드는 사회적으로 단순 직종으로 간주되어 있고, 룸 메이드가 단순 직종이라는 것은 사회 제도적으로 뒷받침되고 있다. 가부장제 사회에서 숙련은 남성 중심적인 기준을 가지고 있고, 이러한 기준은 여성의 노동을 비가시화시키고 있다. 여성의 일은 제대로 드러나지 않을 뿐만 아니라[2] 드러나더라도 그 기술된 일이 기존의 성 편견적인 숙련 개념으로 인해 숙련 노동으로 인정받지 못하고 있다. '힘'이나 '기술'과 같은 남성적 특질은 숙련 판단 기준(숙련 구성 요소)에 포함되는 데 반해 '섬세함', '능숙함', '손재주'와 같은 여성적 특질은 숙련 기준에 포함되지 않는다. 이러한 여성적 특질은 여성이면 누구나 가

---

1) 단순노무종사자란 최소한의 문자 이해와 수리적 사고 능력이 요구되는 간단한 직무 교육으로 누구나 수행할 수 있는 일이다. 주로 수공구의 사용과 단순하고 일상적이며, 어떤 경우에는 상당한 육체적 노력이 요구되고, 거의 제한된 창의와 판단만을 필요로 하는 업무를 수행한다.
2) 성별을 막론하고 많은 이들이 룸 메이드 업무에 대해서 단순 청소직 정도로 이해하고 있었다. 이는 룸 메이드 일에 대한 구체적인 업무 기술이 없었기 때문이다. 참여관찰 이후 필자가 실제로 경험한 룸 메이드 업무에 대해 설명을 하면 많은 이들이 룸 메이드를 단순 청소직이 아닌 숙련직이라고 이해했다.

지는 자연스러운 것으로 간주되어 숙련으로 평가받지 못하고 그 결과 많은 여성 노동은 비숙련으로 분류되고 있다(Jenson, 1989: 151; Philips and Taylor, 1980).

이러한 숙련의 성격을 이해하지 못하고 기존의 판단 기준만을 가지고 평가하게 된다면 여성적 숙련을 비가시화시킬 뿐 아니라 노동에 사용되는 능력 중 일부만을 숙련으로 정의하게 된다. 그 결과 '비정규직화'되는 모든 형태의 노동력은 주변 노동력으로 간주되어버릴 수도 있다(조순경, 1996). 따라서 숙련에 대한 소위 '객관적인' 정의에 나타난 판단 기준만으로는 실제 작업장에서 이루어지는 여성과 남성의 숙련을 평가하는 기준으로 부적절하다고 할 수 있다. 이 장에서는 기존의 숙련 판단 기준에 의존하지 않고 룸 메이드(여성 비정규직)와 층 지원자(남성 정규직)의 노동 과정을 통해 드러나는 각각의 숙련 구성 요소를 추출해내고 이 숙련 요소들을 중심으로 숙련 수준을 비교 분석할 것이다.

2. 비정규직과 정규직의 자격 요건 및 노동 조건

자격 요건

룸 메이드는 공식적으로 고졸 이상의 학력을 가진 여성이면 누구나 할 수 있다. 그러나 비공식적인 입직 조건은 고졸 이상 학력의 기혼 여성이다. 그러한 사실을 잘 보여주듯이 룸 메이드는 전원 30대 이상의 기혼 여성[3]이다. 입직 조건이 별 것 아닌 것 같아 보

---

3) 기혼 여성이라 함은 결혼(사실혼 포함)을 한 경험이 있는 여성을 말한다.

이지만 '기혼 여성'이라고 하는 것에는 또 하나의 조건이 내포되어 있다. 기혼 여성은 결혼을 해서 살림을 해 본 경험이 있는 여성이다. 이 살림을 해 본 경험[4]이라고 하는 것은 룸 메이드에게 있어 중요한 입직 조건이다.

가사 전담자인 기혼 여성은 집을 가족들이 쉴 수 있는 쾌적하고 편안한 공간으로 만들기 위해 지속적인 정비를 하고, 가족들이 편안함을 느낄 수 있도록 각종 욕구를 충족시키는 역할을 맡고 있다. 호텔에서 룸 메이드가 하는 역할 역시 고객이 자기 집처럼 쾌적하고 편안하게 쉬고 갈 수 있게 하는 것이다. 호텔은 기혼 여성이 각자의 집에서 맡고 있는 가정적인 역할을 룸 메이드에게 요구하고 있다(Biswas and Cassell, 1996). 호텔 산업의 특징, 특히 객실 정비 업무의 가장 필수적인 조건을 성립시키는 것이 바로 가정적인 역할이고, 기혼 여성은 이 역할을 가장 잘 할 수 있는 사람이다. 이미 기혼 여성의 삶에서 터득한 살림 경험과 그에 기반한 각종 살림 기술은 객실 정비를 하는 데 있어서 미혼 여성이나 남성들보다 훨씬 잘 해낼 수 있는 조건을 가진 것이다. 따라서 같은 여성이라고 할지라도 살림 경험이 미비한 미혼 여성은 룸 메이드를 하기에 부적절한 인력이다.[5]

룸 메이드의 반 정도가 실제적인 생계부양자라고 하는데 그러다 보니 사별, 이혼 등의 다양한 상황에 놓여있다.

4) 살림 경험은 삶에서 체득한 기술(life skills)에 해당한다. 일상에서 여성이 습득한 기술이 노동 현장에서 쓰이는 것을 말한다(정경아, 2000; Gaskell, 1990: 150~158).

5) 룸 메이드의 입직 조건에서도 드러났듯이 룸 메이드 일은 '아줌마의 일'로 간주되고 있다. 객실 정비는 소위 말해 '청소'이고, 이러한 일을 가장 잘할 수 있는 사람은 기혼 여성이라는 것이다. 같은 여성일지라도 미혼에

많은 룸 메이드들은 룸 메이드 업무(객실 정비)에 대해서 "살림을 해 본 경험이 있는 아줌마면 몰라도 아가씨는 힘들어서 못 한다"라고 말하고 있다. 룸 메이드 스스로도 이 일을 하는 데 있어서 기본적인 조건이 살림 경험인 것을 알고 있고, 그 경험이 있느냐 여부가 일을 잘 할 수 있는 기준임을 알고 있다. 그러나 룸 메이드들 역시 '아줌마면 좀 배우고, 시간이 좀 지나면 누구나 할 수 있는 일'이라고 말을 할뿐 그 일이 얼마나 숙련이 요구되는 일인지 인식하지 못하고 있다.6) 반면 지원반이 하는 일에 대해서는 오히려 룸 메이드 일보다 더 힘든 것이라는 평가를 하고 있다. 지원반은 룸 메이드와 함께 용역 회사 소속으로 각 층에서 객실 정비를 지원하는 일을 한다.7) 지원반은 대개 2인 1조로 움직이며 객실 정비

게 이 일은 아무나 할 수 없는 힘든 일로 미혼 룸 메이드는 모든 기혼 룸 메이드들의 염려 대상이 된다. 기혼과 달리 미혼이 이 일을 한다는 것은 뭔가 야심이 있는 것처럼 비춰지기도 한다. 그렇지 않아도 미혼에 대학을 졸업한 20대 중반의 여성이 룸 메이드부터 시작해서 몇 년 동안 경력을 쌓고 점검원 리더로 스카웃되어 간 사례가 있었다. 이처럼 이 일은 아줌마들 일이기 때문에 아줌마가 하면 자연스러운 것이고, 아가씨가 하면 뭔가 이상한 일이라고 간주되어 왔다.

6) 숙련에 대한 인식은 그 일에 대한 사회와 사업주의 태도에 따라 영향 받는 것일 뿐 아니라 노동자 개인의 노동에 대한 애착(intensity)에 따라서도 영향 받는다. 남성은 여성들에 비해 자신의 일에 대해 마치 숙련된 것인양 더 중요하게 간주하고 애착을 보인다. 반면에 여성 파트타임 노동자는 자신의 일을 자신들의 삶에서 주변적인 것으로 보고, 일이 자신의 정체성에 끼치는 영향도 적은 것으로 본다. 그래서 자신들을 숙련된 노동을 하는 것으로 간주하기 힘들다(Horrell et al., 1990).

7) 지원반은 총 6명으로 20대 중반에서 30대 중반으로 층 지원자보다 젊다. 이들은 룸 메이드와 함께 용역 회사 소속으로 층에서 객실 정비를 지원하는 일을 한다. 이들이 주로 하는 일은 다음과 같다.
   - 오전 중에 손님의 체크아웃에 따라 엑스트라 베드를 빼고, 오후에는 손님 예약 상황이나 요청에 따라 엑스트라 베드를 투입한다.
   - 단체 고객이 올 경우 미니바를 철수한다. 이는 미니바 스키퍼 발생에

를 하는 데 육체적인 힘이 많이 필요하다고 간주되는 일을 한다. 주로 엑스트라 베드(E/B) 투입과 철수와 관련한 일을 맡고 있다. 엑스트라 베드는 객실 베드의 3/5정도 크기로 바퀴가 달려 있어서 힘을 줄 필요 없이 살짝만 밀어도 쉽게 이동할 수 있다. 룸 메이드 실습을 하는 동안 엑스트라 베드를 투입하는 것을 본 바에 따르면 남자 2명이 순식간에 베드를 객실에 투입하고 침대 꾸미기를 했는데 아주 수월하게 해냈다. 그런데 룸 메이드들은 자신들이 하고 있는 2인용 침대를 혼자서 꾸미기 하는 것보다 해보지 않은 엑스트라 베드를 투입하고 침대 꾸미기 하는 것이 훨씬 더 힘든 일이라고 보고 있다. 그러나 두 가지 일 모두가 처음인 필자 같은 사람에게는 2인용의 큰 침대를 혼자서 침대 꾸미기 하는 것이 엑스트라 베드를 2인 1조로 침대 꾸미기 하는 것보다 훨씬 더 어려워 보였다. 실제로 룸 메이드가 지원반보다 훨씬 더 육체적인 노동을 많이 하고 있음에도 불구하고 그러한 부분은 비가시화되고 있다.[8]

이처럼 '아줌마면 누구나 할 수 있다' 는 고정관념은 직접 그 일을 하는 룸 메이드조차 깰 수 없을 정도로 공고하다. 이는 "가사 관련직=여성, 그 중에서도 아줌마"라는 전제로 인해 객실 정비 업무에 내재된 입직 조건이 부각되지 않기 때문이다. 여성의 일에는

대비한 것이다.
  ― 카펫의 샴푸 · 카펫 청소를 의미하는 것으로 화학 약품을 사용한 얼룩 제거와 카펫 전체 세탁이 있다.
8) 여성은 가벼운 산업에 남성은 무거운 육체 노동 산업에 적당하다고 본다. 실제로 작업장에서 행해지는 실제적인 육체 노동의 양과 성별에 따른 고용 패턴 간에는 별 관계가 없다. 그럼에도 불구하고 여남 간에는 그러한 차이가 존재한다고 믿어지고 차별적 고용 관행을 정당화하는 근거로 그러한 관념이 일반적이다. 그리고 이러한 고정관념이 그것 자체로 작업장 관계의 일부가 된다(Jane Jenson, 1989: 150).

그 업무에 내재된 입직 조건이 부각되지 않는 것이 일반적이다. 도소매음식숙박업의 경우 1990년에서 2001년까지 취업자 수 증가의 절반이 넘는 57.1%가 여성이었다(금재호, 2001). 도소매음식숙박업은 이미 여성의 살림 기술이 전제된 영역으로 살림 경험이 많은 여성들이 상대적으로 쉽게 취업하고 있다. 그러나 사회 일반에서는 여성들의 도소매음식숙박업 진입을 '전문 기술을 요하지 않아 여성의 취업이 상대적으로 쉽기 때문'이라고 보고 있다. 이처럼 기혼 여성의 살림 경험이 입직 조건으로 공식적으로 인정되지 않음으로써 여성 노동에 대한 저평가가 이뤄지고 있다.

그러나 살림 경험은 룸 메이드 일에 대한 접근성을 높이고 좀 더 빨리 익숙해지게 할지는 몰라도 살림 경험이 있다고 해서 그 일이 담보되는 것은 아니다. 호텔의 '기혼 여성이면 누구나 할 수 있는 일'이라는 전제는 룸 메이드 일을 하고 있는 여성들의 숙련을 비가시화시킨다.[9] 그리고 여성들로 하여금 '아줌마면 누구나 할 수 있는 일'이라는 자기 암시를 하도록 한다. 이러한 암시를 통해 룸 메이드 여성들은 힘든 일을 견뎌내고, 실제로 이 일이 누구나 할 수 있는 단순한 일이라고 스스로를 정체화한다. 기혼 여성인 필자가 직접 이 일을 해 본 경험으로는 이 일은 살림 경험만으로 해결

---

[9] 여성의 일에서 숙련이 비가시화되는 이유 중 하나는 우리가 성 고정관념에 기반해 일의 내용을 선택적으로 인식하기 때문이다. 일반적으로 여성들은 좋은 손가락 조절 능력을 가지고 있다고 하는 가정들은 타이피스트나 부품 조립 작업에 고용하게 한다. 그리고 그것은 이 일들에 대한 복잡성을 없애곤 한다. 어떠한 직무 평가도 대부분의 산업적이고 사무적인 상황에서 요구됐던 이 일을 하는 데 필요한 숙련을 인식하지 못하고 있다(Steinberg, 1990: 173). 이처럼 여성이 타고나는 것으로 인지되는 살림 경험을 토대로 한 룸 메이드 업무의 숙련도도 비가시화되고 있다.

되지 않는 것이 더 많은 일로 살림 경험은 이 일의 일부를 구성할 뿐이다.

층 지원자[10]의 학력은 5, 6년 전까지만 해도 고졸이었지만 지금은 전문대졸 이상이다. 이는 노동 시장의 학력 과잉과 고학력화 현상으로 인해(전근하, 2005) 전문대졸 이상의 인력이 넘쳐나 굳이 고졸을 쓸 이유가 없기 때문이다.[11] 현재 근속 기간이 10년 이상인 층 지원자 5명은 고졸이다. IMF 전까지만 해도 층 지원자로 입직하는 것이 그리 어렵지 않았다.[12] 기본적인 학력 외에 층 지원자가 되기 위한 특별한 자격 요건은 없다.

노동 조건

룸 메이드와 층 지원자의 노동 조건은 <표-7>을 보면 자세히 알 수 있다. 두 직종 간의 노동 조건은 고용 형태, 임금, 노동 시간, 업무량, 노동력 특성 및 경력을 기준으로 비교했다.

---

10) 층 지원자의 원래 호칭은 룸 어텐던트로 보통 룸 어텐던트는 룸 메이드를 의미한다. 업무 분장과 명칭은 각각의 호텔의 특성에 따라 약간의 차이가 있기는 하지만 다른 호텔에서 룸 어텐던트라는 남성 직종은 찾아보기 힘들다. 이들이 하는 일을 살펴본 결과 객실 관리부서의 남성 직종을 일컫는 하우스 맨에 해당한다.
11) 최근에 들어온 신입 2명은 전문대졸 이상이라는 자격 조건에도 불구하고 4년제 대졸이다. 정규직의 경우 호텔 입직 절차가 예전과 달리 상당히 까다로워졌다. 이는 정규직 일자리가 감소함에 따른 과잉 경쟁의 결과이다.
12) 15년 근속의 층 지원자는 호텔에서 6개월 동안 아르바이트를 하다가 정직원이 되었다.

<표-7> 룸 메이드와 층 지원자의 노동 조건

	룸 메이드[13]	층 지원자
고용 형태	간접 고용 형태의 계약직	정규직
임금	4년차 : 연봉 1천 3백~4백만 원	4년차 : 연봉 2천 8백~9백만 원
노동 시간	주 44시간 근무에 생리휴가 1일, 월차 1일, 주차 4일로 한 달에 6일을 쉴 수 있고 10일의 연차(1년 이상 근무)가 있음. 그러나 실제로는 주 6일의 48시간 근무로 주차 1일만을 쉴 수 있음.[14]	주 5일 40시간 근무. (*임금과 휴일, 휴가 제도, 복리 후생 등은 호텔과 노조 간의 단체 협약에 따라 결정)
업무량	1일 1인 12개 객실. 객실 투숙률이나 성수기 / 비수기라는 시기에 영향 받지 않는 업무량. 성수기에는 하루에 객실 13개 이상을 하면서 주차 1일도 제때 사용하지 못함. 비수기 때는 바쁜 동안 사용하지 못한 휴가 사용으로 인력이 주는데다가 객실 대청소로 인해 업무량에 큰 변동 없음.	객실 투숙률에 따라 큰 변화. 투숙률이 낮을 때는 무료함을 견디는 일.

---

13) 룸 메이드가 쉽게 조직화되지 못하는 데는 용역 회사의 통제 전략과 비공식적 채용 관행에 있다. 용역 회사의 통제 전략은 룸 메이드 간의 다양한 이해 관계를 만들어 넘으로써 조직화하지 못하게 하는 것이다. ① 경력에 따른 임금 차별화. 정규직에서 전환된 이들에게 다른 메이드보다 좀 더 많은 임금을 줌으로써 룸 메이드 내부에 다양한 차이를 만들어 낸다. ② 6개월마다 이뤄지는 층 배정. 층 배정은 팁 문제, 노동 강도와 직결되는 문제로 회사 측에 잘 보이면 좋은 층을 배정받을 수 있고, 그렇지 않으면 팁도 거의 없고 일만 힘든 층으로 배정받을 수 있다. ③ 높은 노동 강도를 통해 일에 치이게 함으로써 딴 생각을 못하게 한다. 특히 들어온 지 얼마 되지 않은 신입은 일에 치여서 회사의 처우에 관심을 갖지 못한다. 이와 같은 회사의 통제 전략에 더해 A호텔의 비공식적 채용이라는 오랜 관행은 더욱더 룸 메이드의 조직화를 요원한 것으로 만들고

노동력 특성 및 경력	* 30대~50대 중반까지 연령에 따라 다양하게 분포. * 결혼으로 인한 경력 단절 이후 재취업의 형태로 룸 메이드를 하는 이들도 상당함. 재취업인 경우 전직을 보면 젊었을 때 호텔 관련 직종에 있었던 이들로 카지노 딜러, 프런트 직원, 일식당 캐셔 등의 상당히 높은 수준의 경력을 보임. * 노동력 구성을 보면 정규직에서 전환된 이들, 계약직에서 용역직으로 전환된 이들, 처음부터 용역직이었던 이들로 분리되어 있음. * 경력은 1년이 안 된 사람부터 20년 이상인 사람까지 다양한 폭을 보임.	* 주로 30대 중후반에서 40대 초반의 연령에 걸쳐있고 장기 근속자들. * 신입 2명을 제외한 6명의 근속 기간(호텔 근무 기간)은 16년(1명), 15년(1), 14년(2), 13년(1), 4년(1)으로 상당히 높음. * 층 지원자 경력은 3, 4년이 평균이고 가장 오랜 경력을 가진 이가 5년.

룸 메이드와 층 지원자의 자격 요건과 노동 조건을 보면 우리 사회 숙련의 성격을 알 수 있다. 자격 요건을 보면 층 지원자의 학력이 고졸에서 전문대졸로 상승했고 최근 들어서는 4년제 대졸이 입직하고 있다. 층 지원자의 학력이 높아짐에 따라 학력변수를 두고 있는 호텔의 임금 체계에 따라 층 지원자의 임금은 자연스럽게 함께 상승하고 있다. 그 결과 층 지원 업무는 높은 학력과 임금에 따라 높은 숙련을 요하는 숙련된 일로 간주되고 있다.[15]

있다.

14) 주 6일 동안 44시간 근무면 6일 중 하루는 반나절(4시간)만 근무하는 것이 당연하지만 그렇게 일할 경우 연차에서 4시간을 뺀다. 따라서 주 6일 동안 44시간 근무를 하고자 한다면 한 달에 연차 2개가 줄게 된다. 결국에는 주 6일 48시간 근무에 주휴 하루만을 쉴 수 있다.

15) 임금이 높을수록 숙련의 수준이 높다. 그리고 학력이 높을수록 임금이

그러나 층 지원자에게 요구되는 높은 학력의 자격 요건은 실제 그 일을 하는 데 필요한 자격 요건과는 별개의 것이다. 이 일은 실제 높은 숙련을 필요로 하지 않음에도 불구하고 사회적으로 임금이 높고, 자격 요건이 높기 때문에 숙련된 노동으로 간주되고 있다. 이것이 바로 우리 사회가 가진 숙련 기준으로 숙련이 사회적 구성임을 잘 보여준다. 그 일이 얼마나 높은 숙련을 요하는지에 대해서 직무 특성에 따른 기술적 숙련 요소들을 추출해 숙련도를 평가하는 것이 아니라 정규직이라는 사회적 숙련 요소에 따라 학력 수준과 임금이 함께 상승하면서 해당 직무가 숙련된 노동으로 평가받게 된다.[16] 이는 정규직/비정규직이라는 고용 형태라고 하는 것이 숙련의 기준으로 강력하게 작용하고 있음을 보여준다.

　　이처럼 층 지원자의 숙련 여부는 우리 사회 통념에 따른 것일 뿐 실제 작업을 하는 데 필요한 숙련 수준과는 다르다. 룸 메이드의 자격 요건을 보면 그러한 특징이 더 잘 드러난다. 룸 메이드의 자격 요건은 고졸이라는 학력만이지만 실제로 룸 메이드 일을 하는 데 있어서 필요한 자격 요건은 기혼 여성이 가진 살림 경험이다. 그러나 살림 경험이라는 자격 요건은 여성적 특질로 이해돼 자격요건으로 공식화되지 않고 비가시화되고 있다. 이를 통해 우리 사회가 직무 특성에 따라 숙련 구성 요소들을 뽑아 숙련 여부를 결정하는 것이 아니라 공식적인 교육이나 훈련 체계에 치중해 있

　　높고 숙련이 일반적이며 비정상적인 상황에 대한 대처 능력이 뛰어나다 (박기성, 1992).

16) 주문 전달실의 4년제 대졸 출신인 주문 전달자는 같이 근무하는 층 지원자 선배들의 학력에 대해 모두 전문대졸 이상일거라고 말했다. 필자가 어떻게 아느냐고 묻자 정규직이니까 당연한 거 아니냐는 반응을 보였다.

다는 것을 알 수 있다(정경아, 2000).

숙련의 요소로 설정된 자격증, 학위 등은 실제 작업을 하는 과정에서 그 일을 하는 데 있어 반드시 필요한 숙련 요소가 아닐 수도 있다. 자격 요건 중에 하나인 룸 메이드와 층 지원자의 학력은 호텔 전공과 무관한 공식적인 학교 교육으로 호텔에서도 이러한 측면을 고려해 실무 위주의 직원 교육에 집중하고 있다.[17] 따라서 호텔에서 룸 메이드와 층 지원자에게 제시하는 자격 요건이라고 하는 것은 실제 직무에 바탕을 둔 숙련 판단 기준에 따른 것이 아닌 관습적이고 형식적인 것으로 이뤄져왔음을 짐작할 수 있다.

3. 숙련 비교를 위한 숙련 구성 요소 선정

룸 메이드와 층 지원자의 숙련 수준을 비교하기 위해서는 비교의 기준이 되는 숙련 구성 요소를 추출해야 한다. 숙련의 구체적인 기준들은 교육 훈련 정도이다.[18] 많은 문헌들은 숙련을 판별하는 기준으로 교육 훈련 외에 구체적이고 명확하게 다른 숙련 요소들을 제시하지 않고 있다. 이는 각각의 직무 특성에 따라 숙련의 기

---

17) 호텔 관련한 학교 교육이라고 할지라도 그러한 교육이 고객 만족에 영향을 줄 것이라고 여겨지는 것과 달리 실제로 고객 만족에 미치는 영향이 적다. 오히려 고객 만족에 영향을 미치는 것은 종업원의 지식에 의해서가 아니라 종업원의 행동에 의한 것으로, 종업원의 행동에 따라 고객에 대한 서비스의 질이 좌우된다(조민호, 1999).
18) 숙련에 대한 '동일가치노동 동일임금'의 정의를 보면 자격증, 학위, 습득된 경험 등 업무 수행 능력 또는 솜씨의 객관적 기준이다. 이 외에도 한국표준직업분류에서 숙련을 정의하고 있는 것을 보면 교육, 훈련, 경험 또는 선천적 능력과 사회적, 문화적 환경을 통해 얻어지는 것으로 나와 있다.

술적 구성 요소가 다르기 때문이기도 하다. 따라서 룸 메이드와 층 지원자의 숙련 수준을 비교하기 위해서는 각 직무 특성에 따른 숙련 구성 요소를 추출해 이 요소들을 기준으로 숙련 수준을 비교해야 한다. 룸 메이드와 층 지원자는 직무가 다르기 때문에 공통의 숙련 요소를 추출하기 어려워 각각의 직무 특성에 따른 숙련 요소들을 모두 뽑아내고 이 요소들을 가지고 숙련 수준을 비교 분석하였다.

룸 메이드와 층 지원자의 노동 과정을 통해 추출된 숙련 구성 요소들을 살펴보면 다음과 같다.

룸 메이드의 직무 특성에 기반한 숙련 구성 요소

룸 메이드는 하루에 할당된 객실 12개를 주어진 시간 내에 정비해내야 하기 때문에 최대한 빨리, 정확하게, 깨끗하게 해내는 것이 업무의 관건이다.[19] 정해진 시간 내에 업무를 해낸다는 것은 작업 시간을 최소화한다는 의미이고, 작업 시간의 최소화는 동선의 최소화를 의미한다. 따라서 ① 신속함, ② 작업 계획 짜는 능력, ③ 고도의 기억력, ④ 명령 수행 능력이 요구된다. 게다가 룸 메이드는 고객을 직접 접촉하며 대인 서비스까지 하고 있기 때문에 ⑤ 고객

---

19) 효율적인 객실 정비를 위해서 고려해야하는 것은 ① 일의 단순화(규격화) ② 동선의 절약 ③ 시간의 연구이다. 일을 하는 데 있어 불필요한 절차를 지양함으로써 일의 단순화(규격화)를 기하도록 하고 일의 규격화를 통해 동선과 시간의 경제성을 확보할 수 있다(안옥모, 1979). 이처럼 룸 메이드 업무는 객실 정비를 최대한 빨리, 정확하게, 깨끗하게 해내는 것이 무엇보다 중요하다.

정보 처리 능력, ⑥ 감정 관리 능력, ⑦ 어학 능력이 요구된다.

층 지원자의 직무 특성에 기반한 숙련 구성 요소

층 지원자는 각 층의 객실 정비팀이나 고객의 주문이 있을 때마다 즉각 층 심부름을 수행함으로써 신속하게 명령을 잘 따르는 것이 업무의 관건이다. 따라서 층 지원자의 직무 특성에 따른 숙련 요소는 층 심부름을 잘 하기 위한 ① 명령 수행 능력, ② 신속함이 요구되고, 층 심부름을 하면서 고객을 접하는 대인 서비스를 하기 때문에 ③ 감정 관리 능력과 ④ 어학 능력이 필요하다.

룸 메이드+층 지원자=9가지 숙련 구성 요소

각각의 직무 특성에 따라 룸 메이드는 7가지의 숙련 요소가 요구되고, 층 지원자는 4가지의 숙련 요소가 요구된다. 층 지원자의 숙련 요소가 모두 룸 메이드의 숙련 요소에도 포함되는 것이기 때문에 두 직무의 노동 과정을 통해 추출된 숙련 구성 요소는 7가지이다. 그리고 룸 메이드와 층 지원자 각각의 직무 특성에 따른 숙련 요소 외에 일반적인 숙련 구성 요소인 교육 훈련과 업무 지식[20]을 포함할 것이다. 업무 지식은 교육 훈련을 통해 습득된 교육 훈련 지식과 이러한 지식을 토대로 해 오랜 경험을 통해 축적된 지식과 노하우인 작업 지식[21]으로 구성된다.

---

20) 업무 지식은 해당 업무를 하는 데 기본적으로 요구되는 지식을 말한다.
21) 작업 지식(working knowledge)은 교육 훈련을 통해 얻은 교육 훈련 지식을 토대로 직접 현장에서 일을 하면서 쌓게 되는, 경험을 통해 얻어지는

따라서 룸 메이드와 층 지원자의 숙련 수준을 비교하기 위한 숙련 요소는 ① 교육 훈련, ② 업무 지식(교육 훈련 지식, 작업 지식), ③ 신속함, ④ 작업 계획 짜는 능력, ⑤ 기억력, ⑥ 명령 수행 능력, ⑦ 고객 정보 처리 능력, ⑧ 감정 관리 능력, ⑨ 어학 능력이다.

이와 같은 9가지 숙련 요소를 가지고 룸 메이드와 층 지원자 간의 숙련 수준을 비교 분석할 것이다. 가장 먼저 교육 훈련과 업무 지식을 통해 룸 메이드와 층 지원 업무를 하는 데 있어 기본적으로 필요한 지식과 지식 수준을 살펴보고, 직무 특성에 따른 숙련 요소들을 통해서는 각각의 업무에서 요구되는 숙련 수준을 살필 것이다.

각종 지식을 의미한다. 작업 지식은 각 작업자가 작업 환경을 자각, 작업 환경 내부에서 발생하는 다양한 현상을 해석하는 능력을 말하는 것으로 민첩한 손재주와 노하우의 결합도 포함한다. 작업 지식이 증가할수록 그 작업에 대한 자율적 통제를 증가시키게 되어 작업 환경을 조작하거나 변형시키는 능력을 증가시키게 되고 또 작업 과정에서 일어나는 사건과 상황을 진단하고 처치할 수 있는 방법을 획득하게 된다(Kusterer, 1987; 김미주, 1988 재인용). 작업 지식은 숙련을 재개념화한 것이지만 여기서는 오랜 경험을 통해 습득된 각종 지식과 노하우에 한정해 사용하고자 한다.

제8장

비숙련, 주변 노동자인 비정규직의 숙련1)

룸 메이드와 층 지원자의 숙련 수준을 비교하기 위한 숙련 요소
는 크게 일반적인 숙련 구성 요소(교육 훈련, 업무 지식) 2가지와
직무 특성에 따른 숙련 구성 요소 7가지이다. 룸 메이드의 숙련은
일반적인 숙련 구성 요소인 교육 훈련과 업무 지식(교육 훈련 지
식, 작업지식)을 먼저 살펴보고, 직무 특성에 따른 숙련 요소의 경
우 객실 정비를 최소화하는 데 필요한 요소(신속함, 작업 계획 짜
는 능력, 기억력, 명령 수행 능력)와 대인 서비스를 하는 데 필요한
요소(고객 정보 처리 능력, 감정 관리 능력, 어학 능력)로 범주화해
살펴볼 것이다.

---

1) 음식 조리와 서비스라고 하는 가사 관련직이 호텔 등과 같은 상업적인
   조건에서 남성들의 숙련으로 인정되는 것처럼 지금까지 룸 메이드 일을
   재구조화하고자 하는 어떤 시도도 없었다(Adib & Guerrier, 2003).

1. 교육 훈련 기간

호텔의 룸 메이드는 일정 정도의 교육 훈련 기간을 거치는데 교육 기간에 있는 룸 메이드를 신입생(trainee)이라고 부른다.[2] 현재 신입생의 교육 기간은 1달 반으로 아웃소싱 이전의 3달에서 점점 짧아지고 있다.[3] 교육받는 동안은 수습 사원과 같은 지위를 가지고, 1달 반이 지나서 12개의 객실을 정비할 수 있는 능력이 되면 그때 정식 계약(계약직)을 한다. 1달 반이 지나도 12개를 할 수 없으면 할 수 있을 때까지 정식 계약은 늦춰진다.

교육 훈련은 A호텔의 객실 정비 매뉴얼을 토대로 해서 이뤄지고 있다. 초기에는 객실 정비 절차와 방법을 익히고 객실 내 시설과 각종 객실 용품 등의 이름과 기능을 익히는 것만으로도 상당한 시간이 걸린다. 객실 정비가 조금 익숙해지면 미니바 점검을 비롯한 객실 내 시설의 고장 사항 등과 관련해서 배우고, 맨 마지막으로 컴퓨터 프로그램 활용법을 배우는 과정을 거친다. 이러한 일련의

---

2) 호텔 외부 교육 기관에서도 룸 메이드를 교육 훈련하는 곳이 있다. 서울 YWCA 노원 여성인력개발센터의 전문 직종 교육 프로그램으로 룸 어텐던트(룸 메이드) 직종이 있다. 2개월 과정으로 주 3일 총 9시간 강의를 받는다. 주 교육 내용은 베드 메이킹, 호텔 실무, 호텔 영어, 호텔 일어, 객실 관리부서의 역할 등이다.

3) 아웃소싱 전에는 경력 있는 룸 메이드에게 객실 하나를 덜 주면서 '신입생'에게 청소하는 법 등을 가르쳤다. 현재는 최소한의 인력으로 객실 정비를 하다 보니 교육을 시킬만한 인력이 없어서 그렇게 하지 못하고 있다. 현재의 신입 교육은 룸 메이드의 질적인 차원보다는 12개 객실을 할 수 있는 한 몫의 사람을 만들어내는 측면이 강하다. 그러다보니 룸 메이드의 인력의 질이 보장되지 않고 있다. 호텔 아웃소싱에 관한 연구들도 많은 호텔들이 룸 메이드 인력 관리가 중요함에도 불구하고 인건비 절감 때문에 최소 인원을 사용하며 용역을 선호하는 추세로 질적인 측면에서 크고 작은 문제점들이 많다고 지적하고 있다(정종훈, 2003; 윤여송, 2002).

훈련 과정은 엄격하게 이뤄짐에 따라 신입 훈련 과정에서 10명 중 8~9명은 중도에 포기하고 그만둔다. 신입 교육 훈련은 12개의 객실을 정비해낼 수 있는 인력을 개발하는 데 목표가 있을 뿐 객실을 상품으로서 완벽하게 정비해낼 수 있는 데에는 소홀하다. 경력자들은 일을 잘하는데 어느 정도의 기간이 소요되는지에 대해 "잘하는 사람은 금방하고, 잘 못하는 사람은 1년 가도 못한다"는 반응을 보인다. 이는 개인의 역량과 훈련에 따라 객실 정비에 있어 차이가 있다는 것을 보여주는 것으로 객실 정비는 누가 해도 비슷한 결과가 나오는 단순한 일이 아닌 지속적인 교육 훈련이 필요한 일이라는 것을 알 수 있다.[4]

호텔에서도 룸 메이드 인력이 오랜 숙련 형성 과정이 필요하다는 것을 인정하고 있다. 이는 호텔의 층에 따른 인력 배치 차이에서 잘 드러난다. A호텔은 3층부터 17층까지를 고객의 유형에 따라 크게 3가지로 구분한다. 3, 5, 6층은 단체 층으로 객실 가격이 가장 낮으며 주로 1박 위주의 고객들이다. 이 층은 초보 룸 메이드들이 가장 먼저 거쳐 가는 곳으로 3층부터 시작해 경력이 쌓일 때마다 한 층씩 올라간다. 그러나 7층 이상부터는 객실 가격이 점점 비싸지며 단독 고객 위주이다. 층이 높아질수록 룸 메이드의 경력도 같이 올라가는데 이는 객실 정비 경력을 비롯한 고객에 대한 예절이나 어학 능력 또한 더 많이 요구되기 때문이다. 12층부터 17층까지

---

4) 룸 메이드의 지속적인 교육 훈련과 관련한 연구들이 있다. 안옥모(1979)는 올바른 직원의 선발, 적소에 배치, 조직적인 훈련의 삼위일체가 이뤄질 때 룸 메이드의 효율적인 객실 관리를 기대할 수 있다고 보고 효과적인 훈련 방법 개발에 초점을 맞추면서 업무 중심의 훈련만이 아니라 직업에 대한 가치관을 확립하는 방향의 훈련이 되어야 한다고 보고 있다.

는 VIP층으로 주로 스위트라고 불리는 고가의 객실이 있는 곳으로 객실 정비와 점검이 다른 층보다 좀 더 엄격하게 이뤄진다. VIP층 같은 경우는 룸 메이드 중에서도 경력과 동시에 능력이 겸비되어야 올라갈 수 있는 곳이다.[5] 경력이 7, 8년 되어도 한 번도 VIP층에서 일해보지 못한 사람이 있을 정도이다. 필자도 실습 기간 동안 주로 단체층과 중간층에서 일을 하다가 실습 마지막 날에야 견학차 VIP층에 올라가 볼 수 있었다. 이와 같은 호텔 측의 경력에 따른 층별 인력 배치를 통해 룸 메이드 업무가 오랜 교육 훈련을 통한 숙련 형성이 필요한 일임을 알 수 있다.

2. 업무 지식

업무 지식은 교육 훈련을 통해 얻어지는 것만이 아니라 오랜 경험을 통해서 습득되는 것도 있다. 이를 작업 지식이라고 한다. 따라서 업무 지식을 교육 훈련 지식과 오랜 경험을 통해서 습득되는 작업 지식, 이 2가지로 본다.

1) 교육 훈련 지식

룸 메이드의 교육 훈련 지식에는 ① 작업장에 대한 지식, ② 객실 정비 지식, ③ 객실 관련 용어에 대한 지식, ④ 컴퓨터 활용 지식이 있다.

---

5) 호텔의 룸 메이드 경력에 대한 인정은 아웃소싱 과정에서 VIP층의 객실 정비 인력은 정규직으로 유지한다는 논의가 한동안 있었던 것을 통해서도 잘 드러난다.

(1) 작업장에 대한 지식[6]

룸 메이드의 주요한 작업장은 3층에서 17층까지의 객실과 객실이 있는 각 층이다. 각 층의 객실은 앞쪽과 뒤쪽으로 분리되어 있는데다 객실 번호가 순차적으로 매겨져 있지 않아 객실 번호를 익히는 데 시간이 걸린다. 객실의 크기는 8.5평 정도로 각 층마다 객실의 크기와 객실 내 편의 시설의 배치에 있어 차이가 있다. 3, 5, 6층은 객실의 크기와 배치가 모두 동일하다. 그러나 개보수를 한 7층에서 12층은 객실 크기와 배치에서 약간씩 차이가 난다. 이처럼 층에 따라 객실 위치와 객실 크기, 객실 내부 배치까지 다르다보니 다양한 객실 차이를 알고 있어야 한다. 예를 들어 미니바 점검을 위해서는 미니바 위치를 알아야 하는데 3층은 미니바가 텔레비전 밑에 있다면 7층은 출입구 쪽에 있는 차이를 보인다. 게다가 객실 편의 용품이 놓이는 위치까지 객실에 따라 다르기 때문에 이 또한 숙지하고 있어야 한다. 7층은 여유분의 베개(Extra-bed)가 옷장 위에 놓인다면 3층은 침실 서랍장의 3번째 서랍에 놓인다.

객실을 정비하기 위해서는 다양한 객실 차이뿐만 아니라 각 층의 객실 상태를 알아야 한다. 객실 상태를 알 수 있는 2가지 방법은 각 층의 초인종 밑을 누르면 나타나는 색으로 구분하는 법과 컴퓨터상에서 객실 관리 시스템의 다양한 표시와 색으로 구분하는 법이 있다.[7] 초인종에 나타나는 색은 3, 5, 6층과 7층 이상에 따라

---

6) 5장의 객실 <그림-3>과 층 현황 <그림-4> 참고.

7) 3, 5, 6층의 초인종 아래를 누르면 녹색과 노란색 불이 켜진다. 녹색만 있는 것은 체크아웃 객실, 녹색과 노란색이 함께 켜져 있는 것은 고객이 현재 있는 객실(재실 객실), 노란색이 깜빡거리는 것은 고객이 외출한 객실이다. 7층 이상은 객실 초인종 아래 빨간색 불이 들어오면 고객이 있

차이가 있는데다가 컴퓨터상의 색도 초인종과 다른 색이기 때문에 각각의 색 차이를 모두 인지해야만 객실 상태를 제대로 파악할 수 있다.

그리고 각 층에는 객실과 함께 객실 정비팀의 창고 겸 작업 준비실로 쓰이는 린넨실이 있다. 객실 정비를 위해서는 린넨실에 있는 각종 린넨류와 객실 편의 용품 등의 위치를 파악하고 있어야 한다.

(2) 객실 정비 지식8)

룸 메이드는 오전 8시와 8시 30분 사이에 출근해 락커실에서 유니폼으로 갈아입고, 8시 30분부터 공공 지역9)을 시작으로 하루 일과를 시작한다. 각 층은 점검원 1명과 룸 메이드 3명으로 총 4명으로 구성된다. 오전 9시부터 12개의 객실을 배정받아 객실 정비를 시작한다. 객실을 정비하면서 주문 전달실을 통해 오는 프런트와 고객의 각종 주문을 처리한다. 오후 5시 정도까지 객실 정비를 마치고 다음 날을 위해 주요한 작업 도구들을 정비하고, 카트에 객실 편의 용품을 채워둔다. 그리고 쓰레기를 분리 수거해 버린 후 퇴근한다.

고, 녹색불이 들어오면 체크아웃 객실이다. 컴퓨터상의 객실 관리 시스템은 키 모양의 그림, 객실 번호의 색으로 객실 상태를 구분한다. 그림이 검은색인 객실은 체크아웃된 객실, 빨간색이면 재실 객실이고 객실 번호가 검은색이면 외출한 객실, 빨간색이면 고객이 객실에 있다는 표시이다.
8) 필자가 직접 객실 정비 과정을 배우고 해 본 경험을 토대로 구성했다.
9) 공공 지역은 각 층의 복도, 엘리베이터 등과 같은 고객 동선과 비상구, 린넨실, 직원용 엘리베이터 등과 같은 직원 동선을 모두 포함한다.

가. 복잡한 작업 도구

객실을 정비하는 룸 메이드의 기본 복장은 앞치마가 달린 반팔 원피스이다. 객실 정비 시의 청결한 이미지를 위해 흰 장갑과 흰 양말에 흰 실내화를 착용한다. 룸 메이드는 앞치마에 해당 층에 국한된 만능 키(마스터 키), 린넨실 키(린넨실+미니바 금고)를 넣고 다닌다. 이것이 있어야만 객실과 린넨실을 드나들며 작업을 할 수 있다. 객실 정비 시 항상 가지고 다니는 것으로는 카트, 린넨함, 진공 청소기가 있다. 린넨함은 객실 정비 시 나오는 린넨류[10]를 담는 바퀴가 달린 함이다. 카트는 보통 하루 12개의 객실을 정비하는 데 필요한 물품들을 모두 싣고 다니는 것으로 객실을 정비할 때는 객실 앞 복도에 고객의 통행을 방해하지 않게 벽 쪽에 가깝게 세워둬야 한다.[11] 카트에는 객실 정비 시 필요한 청소 용품으로 청소 도구(분무기, 먼지 털이, 걸레 2장-마른 것, 젖은 것), 세제(욕실용, 창문닦이용, 광택제), 수세미(컵 닦기용, 일반용, 깊은 곳을 닦을 수 있는 봉), 봉투(쓰레기 봉투, 재활용 봉투), 방향제 등이 들어있다. 그리고 린넨류를 비롯한 각종 객실 편의 용품이 들어있다.

---

10) 린넨류는 객실에 들어가는 침대 시트, 수건 등의 각종 천을 의미한다.
11) 카트에 많은 물건을 싣고 다니다보니 무거워서 운전이 쉽지 않다. 일직선으로 운전하는 것도 쉽지 않지만 원하는 위치에 세우기란 더욱 어렵다. 카트 운전을 잘하려면 시간이 좀 걸린다고 하는데 3주된 신입 메이드도 카트 운전법을 터득하지 못한 것으로 보아 최소 3주 이상의 시간이 걸리는 걸 예상할 수 있다.

나. 객실 정비 절차와 방법

객실 정비는 크게 3단계로 객실 정비 준비(객실 상태·분실물·미니바 점검), 객실 정비(청소와 정리 정돈, 고장 보수 사항 점검과 턴다운 서비스), 객실 정비 마무리(카펫 청소, 룸 메이드 1일 보고서 작성, 카트 정리)로 나눠볼 수 있다. 객실 정비 방법은 객실의 상태(퇴실, 재실)에 따라 2가지로 나뉜다. 체크아웃(퇴실) 객실인 경우는 새로운 고객을 위해 전 고객의 흔적을 모두 지워내야 한다. 그리고 객실 내 각종 고장 보수 등도 체크해 수리를 할 수 있도록 주문을 준 후 완벽한 객실로 만들어내야 한다. 재실 객실은 굳이 전 고객의 흔적을 지워야 할 필요가 없어 체크아웃보다 정비시간이 짧다.12) 체크아웃 객실인 경우는 40분, 재실 객실인 경우는 20분 정도가 소요된다. 이 장에서는 객실 정비 절차와 방법을 체크아웃 객실을 중심으로 구성하고 있다.

① 객실 정비 준비

객실에 들어가기 전 객실 상태(재실, 외출, 체크아웃 등)를 확인한다. 객실에 들어가서는 다음의 3가지를 반드시 확인해야 한다. 체크아웃 객실일 경우 옷장 등에 고객의 짐 등이 있는지를 확인해 고객의 체크아웃 여부를 확실히 한다. 고객이 분실물13)을 두고 가

---

12) 재실 객실은 침대 꾸미기와 간단한 욕실 정비, 수건 교체, 쓰레기통 비우기 정도로 아주 기본적인 수준으로만 정비하면서 고객의 물건을 흐트러뜨리지 않도록 주의하면 된다.
13) 고객의 분실물이 있을 경우 주문 전달실에 그 사실을 알리고, 사무실에 전달한다.

지 않았는지 꼼꼼히 챙겨보면서 금고 내부도 열어서 확인해본다. 맨 마지막으로 고객이 먹은 미니바 물품을 점검하고 주문 전달실에 미니바 물품 내역을 알린 후 물품을 다시 채워 넣는다.[14]

② 객실 정비

객실 정비에 대략의 순서가 있다. 객실을 정비할 때는 빼놓고 안하는 곳이 발생할 수 있기 때문에 방향을 정해놓고 해야 한다. 일단 가장 먼저 손이 닿지 않는 부분을 청소한 후 침대 꾸미기를 하고, 욕실 청소를 한 다음 객실의 나머지 부분을 정비한다. 객실 정비는 크게 객실 청결과 관련 있는 청소와 정리 정돈, 그와는 별개로 이뤄지는 객실 시설의 고장 보수 사항 점검과 턴다운 서비스로 나뉜다. 객실이 완전한 상품이 되기 위해서는 객실 청결뿐만 아니라 객실 내 편의 시설도 문제없는 온전한 상태여야 하기 때문이다.

㉠ 객실 청결: 청소 작업과 객실 편의 용품의 정리 정돈

청소 작업은 말 그대로 쓸고 닦아서 깨끗하게 하는 것이고, 정리 정돈은 제 위치에 제 수량에 맞게 비치하는 것이다. 이 두 과정이 분리되어 이루어지는 것은 아니지만 이해를 돕기 위해 분리해서 설명하고자 한다. 객실의 청소 작업은 침대 꾸미기, 욕실 정비, 가구 정비(옷장, 각종 테이블), 편의 시설(TV, 전화기, 전등 등) 정비가 있다. 침대 꾸미기(bed making)[15]는 객실 정비 중에 가장 많은 시간

---

14) 미니바 점검은 뚜껑을 열 수 있는 것은 열어보고, 액체는 흔들어봐야 한다. 고객 중에 교묘하게 안 먹은 것처럼 하는 이도 있기 때문이다.
15) 호텔의 객실 관리 가운데 가장 힘든 일 중 하나가 침대 꾸미기이며 이

이 걸리는 작업이다. 보통 객실 하나당 정비시간이 40분이 걸리는데 침대 꾸미기만 15분 정도가 걸린다. 이전 고객이 사용한 시트와 이불을 모두 벗겨내고 새로운 것으로 교체하기 때문에 많은 힘과 시간이 소요된다. 아무리 값비싼 침대일지라도 침대 꾸미는 방법에 따라 고객에게 불편을 줄 수도 있기 때문에 편안한 침대를 꾸미기 위한 각각의 절차와 방법이 있다.

침대 꾸미기는 다음과 같은 순서로 이뤄진다. 가장 먼저, 사용한 시트, 이불, 베개 커버를 벗겨낸 후 시트에서부터 시작해 이불, 베개, 침대 커버의 순서로 꾸미기를 한다. 침대 꾸미기에는 각 순서마다 정해진 절차와 방법이 있다. 그 예로 침대 꾸미기 가운데 이불 커버 교체 작업을 살펴보면 다음과 같다. 양모 커버는 무늬가 있는 쪽이 위쪽으로 오게 하고 커버와 이불이 따로 놀지 않도록 양모를 반 접어 중심을 커버의 위쪽 중심에 대고 양쪽 끝을 커버 끝에 맞춘다. 양모와 커버가 맞춰진 위쪽을 잡고 털어주면서 커버와 이불이 잘 맞게 한다. 이불과 커버가 잘 맞으면 침대에 이불을 팽팽하게 편 후 침대 발쪽으로 나온 이불과 천은 모서리를 세모꼴 형으로 만들어 집어넣는다. 이불 커버 씌우기가 끝나면 이와 같은 각각의 정해진 절차와 방법으로 베개, 침대 커버 순서로 침대 꾸미기를 마무리한다. 침대 꾸미기가 끝나면 욕실, 가구, 편의 시설 순으로 청소를 한다. 욕실 정비 역시 침대 꾸미기와 같이 각각의 정비 절차와 방법이 정해져 있다. 이 외에 가구와 편의 시설 청소는 젖은 걸레로 닦은 후 마른 걸레로 마무리 하는 방식으로 빠짐없이 하면 된다.

것은 객실의 목표인 안락 및 안전과 밀접한 관계가 있다(안옥모, 1979).

객실 편의 용품은 객실 내 비치되는 객실의 규정된 품목(린넨류, 미니바, 소모품 등)과 각종 인쇄물 및 홍보용 책자를 말하는 것으로 각각 규정된 수와 규정된 위치에 맞게 정리 정돈해야 한다. 예를 들어 욕실에 비치되는 수건(린넨류)의 정리 정돈 과정을 보면 다음과 같다. 수건은 2인 기준으로 배스(bath) 타월 2장, 풋(foot) 타월 2장, 핸드(hand) 타월 2장, 위시(wash) 타월 2장으로 한 객실 당 총 8장이 들어간다. 배스 타월과 핸드 타월은 욕조 위 선반에 배스 타월을 안쪽에 핸드 타월은 바깥쪽으로 해서 정렬해놓는다(7층 이상은 핸드 타월을 세면대 밑에 걸어놓는다). 그리고 풋 타월은 욕조에 보기 좋게 걸쳐놓는다. 위시 타월 2장은 호텔의 로고가 보이도록 3번 접어서(위아래가 바뀌면 안 된다) 정사각형으로 만들어 세면대 옆에 놓는다(층에 따라, 객실에 따라 놓는 위치와 방법이 다르다). 이렇게 각각의 수량에 맞게 제 위치에 미니바 물품을 비롯한 옷장, 테이블 등에 있는 편의 용품을 정리 정돈해야 한다. 특히 객실에 있는 편의 용품은 고객이 테이블에 앉아 TV를 보는 위치를 기준으로 해 정리 정돈한다.

인쇄물도 이러한 방식으로 정리 정돈해야 한다. 책상 위나 서랍 속에 비치되어 있는 인쇄물 역시 규정된 위치와 개수가 정해져 있기 때문에 그것에 맞춰서 정돈한다. 예를 들어 홀더가 있는데 홀더에는 팩스 용지(8장)와 편지 용지(10장), 편지 봉투(6장), 불편 신고 엽서(2장), A호텔 그림 엽서(4장), 볼펜이 들어있다. 각각의 객실을 정비할 때마다 인쇄물의 개수를 확인한 후 채워 넣은 뒤 제 위치에 정렬한다. 이와 같은 방법으로 객실의 모든 인쇄물을 정리 정돈해야 한다.

ⓛ 객실 내 고장 보수 사항의 점검과 턴다운 서비스 시행

객실이 완전한 상품이 되기 위해서는 객실 정비 시 객실 청결도 뿐만 아니라 객실 편의 시설의 상태까지 점검해야 한다. 객실 정비 중에 각종 편의 시설(TV, 전화기, 금고, 가구 등)의 고장 보수 사항을 점검하고 문제가 생기면 주문 전달실에 주문을 준다. 이러한 점검을 제대로 하기 위해서는 객실 편의 시설에 대한 기본적인 지식이 필요하다.[16] 예를 들어 텔레비전 상태를 점검하기 위해서는 호텔에서 나오는 TV 채널을 알고, 이 채널 각각의 화면이 고르게 나오는지를 확인해야 한다. 그리고 음량이 너무 높거나 낮게 책정되어 있지 않은지도 확인해야 한다. 텔레비전을 통해서 영화도 볼 수 있는데 영화 매뉴얼이 제대로 뜨는지, 매뉴얼대로 직접 눌러보면서 영화를 보는 데 문제가 없는지 등을 모두 확인한다. 텔레비전 상태를 점검하는 것과 같이 금고, 라디오, 알람, 전등 등이 제대로 작동하는지도 점검해야 한다. 이 외에도 욕실의 경우 수도가 누수 되지는 않는지, 세면기와 욕조 물이 잘 내려가는지 등을 점검해야 한다. 간혹 가구나 서랍이 제대로 안 닫히는 경우도 있기 때문에 가구의 상태까지 꼼꼼하게 점검해야 한다.

턴다운 서비스는 객실 정비가 완료된 이후 고객에 대한 서비스 차원에서 호텔이 정한 기준에 맞는 고객에게 해주는 것이다. 고객이 잠자리에 편하게 들 수 있도록 커튼을 치고 침대를 덮고 있는

---

16) 필자는 금고에 대한 지식 부족으로 금고 에러(error)라는 잘못된 주문을 여러 번 냈다. 금고 점검을 할 때 금고문을 한 번 여닫은 후 번호를 눌러 잠김 여부를 봐야하는데 금고문을 여닫지 않은 상태에서 번호를 눌러 난 에러를 금고 에러인 줄 알고 주문을 낸 것이다.

커버를 모두 벗긴 후 이불을 살짝 접어주고 그 위에 아침식사 설명서와 함께 초콜릿 바 2개를 올려놓는다. 침대 옆 객실 바닥에 'Good Night'이 써진 직사각형의 천을 깔아주고, 그 위에 살짝 걸치게 슬리퍼를 올려놓는다. 그리고 잠자기 전에 샤워를 할 고객을 위해 욕실의 욕조 앞에 풋 타월을 깔아준다. 객실 정비가 끝난 이후 자신이 할당받은 객실에 턴다운 서비스가 있는지를 확인해 각 객실마다 이렇게 시행해야 한다.

③ 객실 정비 마무리

진공 청소기를 이용해 객실의 카펫을 청소하면 객실 정비가 마무리된다. 객실 정비가 끝났다고 해서 객실 정비가 완료된 것은 아니다. 객실 정비 중에 객실 편의 시설의 고장 보수 주문에 대한 수리가 완료되어야만 객실이 완전한 상품이 된다. 룸 메이드는 객실 수리가 완료되었는지를 확인한 후 완전한 상품임을 의미하는 '잭'을 누른다. '잭'은 전화기의 '#-4-수신기-#-5'를 누르는 것으로 객실이 완전한 상품임을 프런트에 알리는 것이다.[17] 객실 정비가 완료된 이후에는 '룸 메이드 일일 보고서' <표-8>을 작성한다. 객실을 하나 끝낼 때마다 해당 객실을 정비하기 시작한 시간과 완료한 시간, 객실 상태, 미니바 점검, 고장 보수 점검과 관련한 내용을 기록한다. 점검원은 이 보고서를 토대로 객실 상태를 점검해 주문 전달실에 알리고, 주문 전달실과 프런트는 상호 비교를 통해 객실에 오류가 없는지를 확인

---

17) 프런트에서는 객실 정비팀에서 누른 표시를 통해 객실 정비가 완료되었다고 보고 판매를 한다. '잭'을 누르는 것은 원래 점검원의 일이지만 지금은 점검원과 메이드가 함께 하고 있다.

한다. 그리고 자신이 맡은 객실 중에 단골 고객이 있을 경우 '고객 선호 사항' <표-9>에 고객의 이력(history)을 작성한다.

배정받은 객실을 모두 정비하고 나면 각종 청소용품을 깨끗이 씻고 정렬해두는 것부터 시작해 객실 정비 시 나온 쓰레기 등을 분리 수거한다. 그리고 다음날의 객실 정비를 위해 카트에 객실 편의 용품을 챙겨 싣는다. 린넨실에 있는 물품들은 완전한 상태의 객실 편의 용품이 아닌 경우도 상당하기 때문에 실내화 띠를 이어 붙이거나 연필을 깎아 실어야 한다. 이외에도 객실 정비에 들어가는 시간을 단축하기 위해 수건, 시트 등의 린넨류와 세탁 백(laundry bag) 등의 각종 편의 용품은 객실에 배치되는 정렬법대로 접어서 카트에 실어야 한다. 카트에 물품을 챙기는 것까지 끝나면 객실 정비의 모든 과정이 마무리 된다.

〈표-8〉 룸 메이드 1일 보고서(Maid's Daily Report)[18]

층/날짜/메이드 이름

객실 번호	객실 현황			청소 완료 시간	Mini-Bar check(미니바 점검)
	09:00	13:00	16:00		
935	O	O	O	17:45	손(미니바 약자) 1(수량), 솔 2, 약 1, 활삼 1, 포 1, 섬 1, 컨스 구아바 1, 에 1
936	O	O	O		×
937	O	O	O	10:30	×
938	O	O	O	14:50	×
939	O	C/O	V	14:10	×
940	O	C/O	V	11:00	에 2(나)
941	O	C/O	V	13:40	×
942	O	O	C/O	15:10	프 1, 스 1, 에 2, 포 1(나)

18) 필자가 객실 정비를 하면서 다른 룸 메이드와 함께 리포트를 작성한 것이다. 12개 객실 가운데 '나'라고 표기한 객실 3개는 필자가 한 것이다.

944	O	C/O	V	17:05	×(나)
945	O	연박		11:20	약 1, 솔 2, 카스 1, 에 2, 섬 3, 우 1, 녹 1, 커피 2
946	O	C/O	V	12:00	에 2
618	O	O			다른 층 지원(해당 층 보고서에 자세하게 기록)

*습득물
*손망실
*수리 의뢰 940호 카펫 얼룩 제거 / 946호 휀 코일 소음 / 944호 금고 잠김

〈표-9〉 고객 선호 사항(Guest Preference Form)

Guest Preference Form

Dep._____

Name._____

Date: 2004.12.30

Room No: ***

Guest Name: ******

Comments: Smoker. ****식 침대 사용. DND 사용하시다 청소시만 M/S. 미니바 이용. 유가다 사용.

(3) 객실 관련 용어에 대한 지식

호텔은 영어가 일반화되어 있는 곳이다. 객실에 들어가는 물품 하나부터 시작해 평상시 작업 용어에 이르기까지 대부분이 영어로 되어 있다. 따라서 영어는 객실 정비 업무를 하는데 있어서도 기본적인 요소이다. 호텔에서는 객실 용어를 총정리한 자료(부록 1 참고)를 룸 메이드에게 나눠주고, 이를 익히도록 하고 있다. 객실 정비를 위해서 기본적으로 알고 있어야 하는 객실 용어와 약자는 다음과 같다. 체크 인(C/I), 체크아웃(C/O), 정비 중(Make-up),

정비 요청(M/S, Maid Service), 방해하지 마시오(DND, Do Not Disturb), 정비된 빈 객실(VC, Vacant), 정비된 재실 객실(OC, Occupied Clean), 정비 안 된 재실 객실(OD, Occupied Dirty), 정비 안 된 빈 객실 (VD, Vacant Dirty), 팔 수 없는 객실(DNS, Do Not Sale) 등이다.

특히 룸 메이드 같은 경우는 객실 용어 가운데서도 객실 상태와 관련한 용어에 대해 좀 더 자세하고, 명확하게 숙지하고 있어야 한다. 프런트에서는 컴퓨터상으로만 객실 상태를 파악하는 데 한계가 있기 때문에 객실 상태를 좀 더 상세하게 알기 위해 룸 메이드에게 룸 점검(객실 점검)을 요청한다. 룸 메이드가 룸 점검을 제대로 하기 위해서는 객실 상태와 관련한 객실 용어(부록 2 참고)를 자세히 알고 있어야만 한다.

　　N/B(No Baggage), S/O(Sleep Out). 고객 명단에는 올려져있으나 짐도 없고 전혀 사용하지 않은 상태이다.

이런 경우는 반드시 표기하고, 주문 전달자를 통해 프런트에 알려야 한다. 그래야만 고객에게 객실 비용이 청구되지 않게 취소시킬 수 있다. 만약 룸 메이드가 이것을 체크하지 못하고 넘어가게 되면 고객에게 객실 비용이 청구되면서 호텔과 고객 간의 갈등이 생길 수 있다.

객실 정비를 하기 위한 기본 전제로 객실 내 편의 시설과 객실 용품에 대한 명칭(부록 3 참고)도 상세하게 알고 있어야 한다. 객실 용품과 명칭을 연결시켜야만 객실 정비가 가능하고, 고장 보수 등의 주문 등을 줄 수 있기 때문이다. 다음은 객실에 있는 각종 시설과 편의 용품 명칭의 일부이다.

　　서비스 디렉토리, 세탁 백, 세탁 빌, 엑스트라 베개, 홀더(편지지, 봉투,
팩스 용지), 룸 서비스 메뉴, 특선 메뉴, 도아 놉 메뉴, 드레서 거울, TV,
TV 회전대, 센서, 금고, 휀 코일, 후로아 램프, 앙케이트, 웰컴 레터, 게임
테이블, BGM 테이블, 홋 라이트, 메모 패드, 마사지 랙, 침대 커버, 시트,
패드, 헤드 보드, 나이트 테이블 등.

이처럼 룸 메이드가 객실 정비 업무를 하기 위해서는 객실과 관
련한 각종 용어를 알고 있어야 하고 각각의 용어들이 의미하는 것
들도 충분히 숙지하고 있어야만 한다.

(4) 컴퓨터 활용 지식[19]

객실 부문에서는 프런트 프로그램을 활용해 객실과 관련한 모든
사항을 알 수 있다. 대부분의 호텔이 비슷한 프로그램을 사용하고
있어서 이 프로그램을 다룰 수 있으면 다른 호텔에서도 어려움 없
이 일을 할 수 있다. 룸 메이드는 업무와 직접적인 연관이 있는 8
가지 정도의 프런트 프로그램을 활용하고 있다. 경력이 있고 열성
까지 있는 사람은 이 이상의 활용법을 알고 있다. 프런트 프로그램

---

19) 3년 전부터 린넨실에 컴퓨터가 생기면서 프런트 프로그램을 비롯한 컴
퓨터 활용을 하고 있다. 호텔 가운데 각 층 린넨실에 컴퓨터가 있고, 컴
퓨터를 활용하면서 객실 정비 업무를 하는 곳은 A호텔 밖에 없다고 한
다. 컴퓨터의 등장으로 룸 메이드는 객실과 관련해 더 많은 것을 인지하
고 상황 통제를 할 수 있게 되었지만 그 반대 급부로 더 많은 업무와 책
임을 지게 되었다. 호텔이 바쁠 때는 주문 전달실에서도 주문을 다 못해
주기 때문에 각 층에서 프로그램을 보고 알아서 일을 처리한다. 그러다가
문제가 발생하면 그에 대한 책임을 지고 있다.

활용법을 보면 다음과 같다.

객실 상태를 자세히 보고자 할 때,

"H2−****(비밀번호)−****(비밀번호)−in−8−7−17−n−t−F10(실행)"을 입력한 후 객실 번호를 적는 곳에 객실 번호를 적는다. 그러면 해당 객실 의 체크인과 체크아웃 날짜가 나온다. "F2−SS"를 입력하면 '이전 고객− 현재−이후 예약 고객' 등에 대한 것을 자세히 알 수 있다. 그리고 "F2− RC"를 입력하면 객실의 가격을 볼 수 있다.

프런트 프로그램에 알고자 하는 각각의 항목들을 암기해서 그대 로 입력만 하면 되기 때문에 제대로 암기만 한다면 누구나 쉽게 사용할 수 있다. 룸 메이드는 프로그램을 통해 배정받은 객실 상태 를 확인해 객실 정비의 순서를 정하고 자신에게 배정된 객실의 변 동 사항을 체크한다. 자신에게 배정된 객실이 12개이다 보니 일일 이 객실을 찾아다니면서 객실 상태를 점검하는 것은 힘들 뿐만 아 니라 많은 시간이 소요된다. 따라서 객실 정비시간을 단축시키고 각각의 객실 상태를 파악하고 해당 층의 전체적인 현황을 파악하 는 데 있어서는 프런트 프로그램 활용 지식을 알고 있어야 한다.

2) 작업 지식

업무 지식은 교육 훈련 지식 외에도 오랜 경험을 통해 습득되는 작업 지식도 포함한다. 작업 지식은 오랫동안 객실 정비를 하면서 쌓게 된 각종 지식과 노하우를 말하는 것으로 각 작업자가 작업 환경을 자각, 작업 환경 내부에서 발생하는 다양한 현상을 해석하는 능력을 말한다. 작업 지식이 증가할수록 그 작업에 대한 자율적 통제를 증가시키게 되어 작업 환경을 조작하거나 변형시키는 능력을 증가시키게 되고 또 작업 과정에서 일어나는 사건과 상황을 진단하고 처치할 수 있는 방법을 획득하게 된다(Kusterer, 1987; 김미주, 1988 재인용). 객실 정비를 잘 해내기 위해서는 이와 같은 경험을 통해 터득한 각종 지식과 노하우가 필요하다.

(1) 작업 환경에 대한 이해와 객실 통제력

객실 정비를 잘 해내기 위해서는 작업 과정에서 발생하는 작업 환경에 대한 전반적인 지식을 가지고 있어야 한다. 객실 정비 시 접하는 작업 환경 자체가 가진 위험성이 높기 때문에 이러한 위험 요소들을 숙지하고 있어야 한다. 실제로 필자는 뜨거운 물을 잘못 손대서 화상을 입을 뻔하기도 했고, 욕실 바닥에서 미끄러질 뻔하고 컵을 깨 유리에 벨 뻔하기도 했다. 룸 메이드 가운데 한 명은 객실 정비 중에 바늘(객실 내 비치된 'sewing kit')에 찔렸다. 이런 사고는 일상적으로 자주 발생한다. 이를 반영하듯 각 층 린넨실에는 '안전사고 주의 사항'이란 제목으로 작업 과정에서 발생하는 위험한 사례들을 모아놓은 자료가 비치되어 있다(부록 4 참고). 그리고 객실 정비 시 주의할 점으로 '도난 사고 주의 사항'도 함께 비치되어 있다.[20] 객실을 관리하고 있는 메이드는 도난 사고에 대한

---

20) 도난 사고 주의 사항. ① 재실 청소는 반드시 문을 닫고 한다. ② 배달 등이 왔다고 객실에 잠깐 들어간다고 하더라도 들어가지 못하게 한다. ③ 고객이 자기 방인데 키를 놓고 왔다면서 열어달라고 하면 죄송하다고 말을 잘 하면서 프런트에 가서 키를 다시 확인하라고 얘기한다. ④ 수상한 사람이 있으면 프런트로 연락한다.

1차적인 책임을 지기 때문에[21] 도난 사고 주의 사항에 관해 알고 있어야 한다. 객실 정비 시 이러한 주의 사항들을 숙지하고 있어야만 문제없이 객실 정비를 해낼 수 있다. 그러나 이러한 작업 환경에 내재한 위험 요소에 대한 주의 사항 등을 기억하고 있다고 해서 위험 요소들이 통제되는 것은 아니다. 필자는 각종 주의 사항 등을 몇 번씩 반복해서 봐 알고 있었지만 실제 객실 정비를 할 때 전혀 적용하고 고려하지 못했다. 재실 객실을 정비할 때 도난 사고가 발생할 수 있기 때문에 닫고 해야 함에도 불구하고 여러 번 그 사실을 잊어버렸다. 이를 통해 주의 사항에 대해 알고 있는 것과 각종 경험을 통해 그러한 주의 사항을 체화시킨 것은 많은 차이가 있음을 알 수 있다. 따라서 오랜 현장 경험을 통해서만이 작업 환경 전반에 대한 이해가 가능하고 그만큼 작업장에 대한 통제력을 높일 수 있다.

(2) 오랜 경험을 통해 터득한 각종 지식과 노하우

고객은 객실사용과 관련한 불만이 있을 경우 컴플레인을 낸다. 컴플레인은 곧 고객들이 객실 청결 등과 관련해 무엇에 초점을 두느지를 보여주는 척도이기도 하다. 룸 메이드의 주요한 화제 가운데 하나는 컴플레인으로, 서로 컴플레인에 대한 정보를 공유하고 수집한다.[22] 이렇게 해서 얻은 컴플레인에 대한 축적된 정보를 토

---

21) 분실 사건 처리 과정의 책임은 해당 객실을 정비한 메이드가 진다. 한 번은 9층에 묵었던 카지노 고객이 39만 엔을 분실했다고 주장했다. 해당 객실을 맡은 룸 메이드가 경찰서로 출두하는 등 여기 저기 불려 다니면서 상황을 설명해야 했다.

22) 고객들이 신경 써서 보는 곳은 침대 머리맡의 머리카락, 컵의 먼지나 지

대로 객실 정비를 함으로써 일반인이 하는 것처럼 많은 시간을 들여서 티 안 나게 하는 것보다도 더 적은 시간으로 많은 효과를 낸다. 필자가 2시간 들여서 정비한 객실과 경력 있는 룸 메이드가 40분 만에 정비한 객실은 그리 큰 차이가 없었다. 오히려 2시간동안 객실 정비를 하면서 '이 정도는 괜찮겠지' 하고 그냥 넘어간 부분을 다른 메이드로부터 지적받았다. 그렇다고 해서 룸 메이드가 필자보다 더 많은 시간을 들여 손이 잘 안가는 부분까지 청소를 하는 것도 아니었다. 어떻게 보면 객실 정비는 필자가 훨씬 더 정성 들여서 손이 안 가는 곳이 없게 열심히 했다. 그럼에도 불구하고 필자와 경력자가 정비한 객실 간에 차이가 나는 것은 객실 정비 경험에 따른 차이 때문이다. 경력자와 필자 간의 차이는 정비가 반드시 필요한 곳과 그렇지 않은 곳을 인지하고 있느냐 여부였다. 경력자들은 가시적으로 눈에 보이는 곳과 점검원이 체크하는 곳, 고객에게 청결한 인상을 심어줄 곳, 고객들이 신경을 써서 보는 곳, 컴플레인이 자주 걸리는 곳 등을 위주로 객실 정비를 했다. 물리적으로 주어진 시간이 적다보니 완벽하게 깨끗한 객실을 만들어낼 수 없는 조건에서 룸 메이드들은 최소한의 노력으로 최대의 효과를 볼 줄 아는 축적된 지식을 가지고 있다.

이외에도 객실 정비를 짧은 시간에, 정확하고, 깨끗하게 할 수 있는 다양한 노하우가 있다. 객실을 정비하면서 가장 신경 써서 보는 것 중의 하나가 각종 린넨류에 붙어 있는 머리카락이다. 머리카락은 쉽게 눈에 띄지 않기 때문에 알아채기가 힘들다. 필자

문 자국, 전기 주전자(전기 포트)에 남은 물기 등이다.

는 객실 정비때 마다 일일이 린넨류를 구석구석 짚어가면서 머리카락이 있는지를 살펴봤는데 경력자들은 위에서 살피는 것이 아니라 낮은 자세로 살피면서 린넨류에 붙어있는 머리카락을 찾아냈다. 머리카락은 보통 린넨류에 누운 상태로 붙어있는 것이 아니라 주로 선 상태로 있기 때문이다. 그리고 필자는 욕조의 배수 불량 여부를 점검할 때 항시 욕조의 폭업기를 일일이 빼서 확인했는데 경력자들은 고객이 사용한 욕조에 비누 거품이나 때, 머리카락이 붙어있는 것만으로 배수 불량 여부를 알아냈다. 욕조 배수가 좋지 않아 물이 한 번에 내려가지 않고 모였다가 내려가면 비누 거품 등이 생기기 때문이다. 이와 같은 노하우는 오랜 경험을 통해 축적된 것으로 경력자들로부터 후배들에게로 전수되고 있다.

이러한 노하우와 별개로 오랜 경험을 통해서만 습득되는 능력이 있다. 객실 복도의 길이가 보통 150m 정도 되는데 경력자들은 아주 멀리서도 고객이 들어가는 객실이 몇 호인지를 구분해낸다. 그리고 미니바 점검도 단 한 번에 고객이 어떤 종류를 몇 개나 먹었는지를 파악해낸다. 이러한 능력은 단순히 객실 배치와 호수를 기억하고 미니바 물품의 목록과 위치만을 기억한다고 해서 바로 생기는 것이 아니다. 기본적인 작업장에 대한 지식과 객실 정비 지식을 토대로 오랜 경험을 통해서만 습득되는 것이다. 이처럼 다양한 노하우와 오랜 경험을 통해 습득된 능력은 객실 정비가 주어진 시간 내에 완벽하게 이뤄질 수 있도록 하고 있다.

3. 직무 특성에 따른 숙련 요소

룸 메이드 업무는 객실 12개를 주어진 시간 내에 최대한 빨리, 깨끗하고, 정확하게 정비해내는 것이 관건이다. 객실 정비가 주어진 시간 내에 이뤄진다는 것은 작업 시간을 최소화해야 한다는 의미로 객실 정비시간을 최소화할 수 있는 숙련 요소들이 필요하다. 그리고 고객을 직접 접촉하며 객실 정비를 하고 있기 때문에 대인 서비스를 잘 할 수 있는 숙련 요소들이 필요하다. 룸 메이드 직무 특성에 따른 숙련 요소를 객실 정비시간을 최소화하는 데 필요한 요소와 대인 서비스를 하는 데 필요한 요소 2가지로 범주화해 살펴볼 것이다.

1) 객실 정비시간을 최소화하는데 필요한 요소

작업 시간을 최소화하기 위해서는 동선을 최소화해야 하는 것이 필수이고, 동선을 최소화하기 위해서는 ① 신속함, ② 작업 계획 짜는 능력, ③ 고도의 기억력, ④ 명령 수행 능력이 요구된다.

(1) 신속함

객실 정비를 하는 데 있어서 가장 중요한 것은 동선 즉 이동을 최소화해 시간을 최소화하는 것이다. 객실 정비를 하는 데 많은 시간이 주어진다면 굳이 룸 메이드만이 아니라 누구든지 객실 정비를 해낼 수 있다. 그러나 짧은 시간에, 정확하고, 깨끗하게 하는 것은 아무나 할 수 있는 일이 아니다. 룸 메이드는 하루에 12개 객실을 재실은 20분, 체크아웃 객실은 40분 안에 정비해낸다. 이처럼 객실 정비는 제한된 시간 안에 신속하게 이뤄져야 하는 것이다. 필자가 체크아웃 객실 하나를 정비하는 데 든 시간은 보통 2시간 정도이다. 최단 시간으로 줄인다고 해도 1시간 30분 정도였다. 프런트에서는 촉박한 시간을 주고, 객실을 정비할 것을 자주 요청했다. 뿐만 아니라 객실 정비가 마무리되지도 않았는데 고객들이 객실을 배정받아 올라오는 경우도 부지기수였다. 따라서 룸 메이드는 급한 경우에는 40분 걸리는 객실을 2, 30분 만에 정비해내는 신속함을 가지고 있어야 한다.

이러한 신속한 객실 정비가 이뤄지기 위해서는 빠른 청소와 정리 정돈, 편의 시설의 고장 보수 사항의 신속한 통보가 필요하다. 그리고 객실 정비 과정에서 직접적인 객실 정비와는 무관하게 이뤄지는 프런트와 고객으로부터의 주문도 신속하게 시행해야 한다. 룸 메이드는 프런트의 주문 가운데 하나인 미니바 관련 업무를 스키퍼(skipper)[23]가 발생하지 않도록 프런트의 주문이 있기 전에 고객의 출입을 수시로 체크하면서 고객이 짐을 싸고 나가는 걸 보고 즉각 미니바를 점검해 프런트에 알려줌으로써 스키퍼 율을 줄이고 있다. 이처럼 각 층에서 룸 메이드가 미니바와 관련해 얼마나 신속하게 수행하느냐에 따라서 미니바 스키퍼 율이 달라지고 미니바 수익에도 직접적인 영향을 끼친다.

이처럼 룸 메이드는 객실 정비를 포함한 주문 처리까지 신속함

---

23) 호텔에서는 고객이 요금을 지불하지 않고 퇴숙한 경우 스키퍼(skipper)라 하며 이에 대한 처리업무를 스키퍼 처리 업무라고 한다. 객실 관리부서에서 스키퍼가 났다고 하면 주로 고객이 미니바 메뉴를 먹은 후 요금을 지불하지 않고 퇴숙한 경우를 말한다.

이 무엇보다도 필요한 업무로 이러한 신속함은 각종 업무 지식을 모두 알고 있다고 해서 얻어지는 것이 아니라 오랜 경험을 통해서 습득되는 것이다.

(2) 작업 계획 짜는 능력

작업 계획을 짠다는 것은 룸 메이드 1인에게 할당되는 12개 객실을 주어진 시간 내에 해낼 수 있도록 작업 계획을 세운다는 것이다. 이는 단순히 주어진 방에 순차적인 순서를 정해서 하는 것이 아니다. 작업 계획을 짜기 위해서는 가장 먼저, 할당된 객실의 상태를 점검한다. 재실 방과 체크아웃 방의 현황을 파악해서 어떤 객실들을 먼저 할 것인지를 컴퓨터상의 객실 관리 시스템과 프런트 프로그램을 체크해가면서 순서를 정한다. 재실 객실인 경우 고객이 부재한 시간에 가능한 빨리 이뤄져야 하기 때문에 고객의 동태를 수시로 파악해야 한다. 그리고 체크아웃 객실인 경우 고객이 일찍 체크아웃한 경우는 문제가 없지만 그렇지 않은 객실의 경우 언제 체크아웃하는지를 수시로 파악해 가면서 작업 계획을 세우고, 작업해나가야 한다.

작업 계획을 짜더라도 다양한 변수가 많다보니 계획대로 업무를 해나가기가 힘들다. 한 번은 필자가 객실 4개를 정비하는 중에 객실 하나당 1시간 30분씩 배분해서 작업 계획을 세웠으나 프런트에서 객실 2개를 급하게 청소해내라는 요청을 해왔다. 다른 메이드의 도움을 받아서야 정해진 시간 안에 정비해낼 수 있었다. 이처럼 객실 정비를 하는 데도 우선 순위[24]가 있기 때문에 객실 정비 계획

---

24) 객실 정비 우선 순위는 다음과 같다. ① 프런트에서 급히 정비를 요구하

을 세울 때 객실 판매 상황과 같은 변수까지도 고려해야 한다. 그리고 객실 정비하는 가운데 객실 변수도 영향을 끼친다. 객실을 사용한 고객에 따라 객실 청결 상태가 다르기 때문이다. 고객 중에는 객실에 있는 모든 시설과 물품을 다 사용하고, 지저분하게 해 놓는 사람이 있는가 하면 최소한으로만 사용하고 깨끗하게 사용하는 사람들도 있다. 고객의 성향에 따른 객실의 상태는 전혀 예측 불가능한 것으로 지저분한 객실일 경우 체크아웃 객실 하나당 40분이 소요된다고 하는 시간 배분은 비현실적인 것일 수 있다. 따라서 객실 정비의 우선 순위뿐만이 아니라 할당된 객실의 청결도 체크해 객실 순서를 정하고 객실마다 객실 정비시간 배분 차이를 두는 작업 계획을 짜야 한다.

매일의 객실 정비 스케줄을 짤 때는 객실 정비 외에도 부수적인 업무를 하는 시간도 충분히 고려해야 한다. 객실 정비를 하는 가운데 주문 전달실로부터 룸 점검이나 미니바 점검 등과 같은 각종 주문을 받아 직접 처리하는 데 많은 시간이 걸린다. 필자는 객실을 정비하는 중에 주문 전달실로부터 미니바 점검 등의 2가지 주문을 받아 해결하는 과정에서 해당 객실을 찾아 주문 처리를 하느라 상당한 시간을 소요했다.[25] 객실 정비 작업 스케줄을 짤 때는 이와 같은 주문 처리를 하는 시간들도 대략 계산을 하고 있어야만

는 객실 ② 청소 요청(M/S 카드가 걸려있거나 고객이 요구하는 객실) ③ 투숙 예정된 VIP 객실 ④ 투숙 예정된 일반객실 ⑤ DND 카드가 걸려있는 객실(김영준 외, 2000).

[25] 주문을 주고받기 위해 룸 메이드는 호출기(Beeper)를 가지고 다닌다. 주문 전달실에서 객실에 관한 각종 주문을 하기 위해 호출을 하면 룸 메이드는 주문 전달실에 연락해 주문을 받고, 그 주문을 실행하고, 다시 주문 전달실에 주문을 처리했다고 연락한다.

한다. 게다가 작업 계획은 단지 당일에 할당된 업무만이 아니라 주별 청소[26]와 같은 장기적인 객실 정비 스케줄도 함께 고려해 매일의 작업 계획을 짜야한다. 자신의 구역에 해당하는 객실의 청결도를 유지하기 위해서 세워놓은 주별 청소 스케줄은 매일의 업무 상황에 따라 변동 사항이 생길 수 있기 때문에 적절하게 조절해서 시간 나는 틈틈이 해야 한다. 이처럼 작업 계획을 짤 때는 객실 상황 파악, 객실 정비 시의 각종 변수, 객실 정비외의 부수적인 업무에 따른 것, 장기적인 객실 정비 계획에 대한 것 등을 모두 고려해야 한다.

작업 계획은 작업장에 대한 지식, 기본적인 업무 지식, 호텔 객실 부문이 돌아가는 체계 등의 전반적인 인지 하에 이뤄져야 하고, 경력에 따라 이러한 인지에 차이가 있다. 따라서 경력에 따라 작업 중에 발생하는 각종 변수에 대한 대응 능력이 다르다. 신입들이 주로 배치되어 있는 3~5층과 경력자들이 배치되어 있는 층의 큰 차이라고 하는 것은 경력자들의 경우 일을 하는 데 여유가 있다는 것이다. 경력자들은 짬짬이 쉬는 시간을 만들어 내서 2, 30분 정도 쉴 수 있는 여유를 가지지만 그렇지 못한 이들은 쉴 틈 없는 연속적인 노동을 해야 한다. 특히 작업 시간이 부족하다보니 제대로 된

---

26) 한 주를 단위로 요일별로 객실 정비 스케줄을 짜는 것을 말한다. 메이드 한 명이 하루에 12개 객실을 정비한다는 것은 객실 정비 시 딥 클린(대청소)을 할 수 없다는 의미이기도 하다. 따라서 객실이 지저분해지는 것을 해결하기 위해 객실에 대한 '메이드 책임제'를 도입하고 있다. 각 층을 4개의 구역으로 나눠 메이드마다 자신의 구역을 가지고 있고, 그 구역에 해당하는 객실들에 대한 책임을 진다. 각 객실에는 그 객실을 맡고 있는 메이드 이름이 적힌 '실명제 랙'이 있다. 자신이 맡은 구역의 객실에 대해 평소에 손이 가기 힘든 곳을 위주로 객실 정비 스케줄을 짜 가지고 다니면서 정비한다.

식사 시간을 확보하기도 힘들다. 식사 시간의 확보는 경력 정도를 보여주는 척도이기도 하다. 주어진 양의 작업을 하기 위해 점심을 10분, 15분 만에 급하게 먹고 올라가는 이들은 들어온 지 몇 달 안된 신입부터 경력 2, 3년까지의 사람들이다. 그에 반해 5, 6년 이상의 경력을 가지고 있는 사람들은 식사 시간에 훨씬 여유가 있다. 이처럼 경력에 따른 작업 계획 짜는 능력의 차이는 휴식 시간과 식사 시간을 결정한다. 작업 계획을 짜는 능력은 오랜 경험을 통해서 습득되는 것으로 룸 메이드의 생명이라고 할 수 있는 동선을 최소화함으로서 최단 시간에 객실을 정확하고 깨끗하게 하는 데 필수라고 할 수 있다.

(3) 기억력

동선을 최소화하기 위해서는 작업 계획과 함께 고도의 기억력이 필요하다. 룸 메이드에게 일을 하는 데 있어서 가장 필요한 것이 무엇이냐고 물으면 공통적으로 머리가 좋아야 한다고 대답한다. 기억력과 암기력이 뛰어나야 한다는 것이다. 초보자로서 객실 정비를 하면서 갖는 애로 사항 중 하나는 객실에서 카트로, 린넨실로의 잦은 이동이었다. 객실 정비를 하면서 챙겨야 할 것들이 너무 많기 때문에 이것들을 최대한 한꺼번에 기억해서 해내는 능력이 필요하다. 객실에 비치되어 있는 각종 편의 용품(amenities)의 규정된 수량, 규정된 위치, 정렬하는 방법 등을 모두 기억하는 것은 보통 쉬운 일이 아니다. 한 예로 미니바를 점검하고 관리하기 위해서는 43개 미니바 품목 명칭뿐만 아니라 각 품목의 위치와 수량을 모두 기억하고 있어야 한다. 그래야만 미니바 점검으로 인한 객실 정비시간 감소를 줄일 수 있다. 필자는 이러한 사항을 모두 기억하지 못해 객실을 정비하는 중간 중간 다른 메이드에게 물어보거나 다른 정비된 객실을 보고 따라했다. 그렇게 해도 빠뜨리거나 틀린 부분이 있어 점검원에게 지적을 받았다. 그러나 경력자들은 객실을 한 번 훑어보고, 필요한 객실 용품들이 어떠한 것들인지를 기억해 한두 번만의 이동으로 객실 용품을 제 위치에 필요한 개수만큼 정비한다.

객실 정비 업무는 객실에 비치되는 것 외에도 기억해야 할 것이 많다. 매일의 객실 변동 사항과 관련해 점검원이 업무 시작 전에 주지시킨 것이나 '룸 메이드 1일 보고서' 하단의 '기타 사항'에 적어둔 것들을 기억하고 있다가 객실 정비 시 챙겨야 한다. 필자는 업무시작 전에 점검원으로부터 객실 2개 가운데 하나는 '**단체 객실은 미니바를 모두 철수하니까 생수만 2병 넣는다.'는 지시와 다른 하나는 '***단체 객실은 침대 커버를 하지 않는다.'는 지시를 들었다. 그럼에도 불구하고 필자는 이에 대한 기억을 하지 못해 미니바를 철수하는 객실에 미니바를 청소하고, 생수 2병을 투입하는 것을 빠뜨렸다. 게다가 침대 커버를 하지 않아도 되는 객실에 침대 커버를 했다. 이처럼 객실에 오는 고객에 따른 변동 사항을 제대로 기억하지 못하면 이중의 일을 하는 경우가 많다. 따라서 룸 메이드는 객실 정비 지식과 직접적인 관련이 있는 것들만을 기억하는 것이 아니라 고객의 특성에 따라 생기는 변동 사항들까지 기억해야만 정해진 시간 내에 객실 정비를 해낼 수 있다.

(4) 명령 수행 능력

룸 메이드 업무는 기본적으로 명령 수행 능력이 전제되어야만 가능하다. 자신에게 할당된 객실 12개를 정비하는 과정에서 생기는 각종 주문을 잘 처리하면서 객실 정비를 해야 하기 때문이다. 객실 정비 외에 룸 메이드의 업무 가운데 하나는 프런트와 고객으로부터의 주문을 잘 받아 수행하는 것이다. 룸 메이드는 주문을 주고받기 위해 호출기를 가지고 다닌다. 주문 전달실에서 객실에 관한 각종 주문을 하기 위해 호출을 하면 룸 메이드는 주문 전달실에 연락해 주문을 받아 실행하고, 다시 주문 전달실에 처리했다고 연락한다.

주문 전달실로부터의 주문은 주로 프런트와 고객으로부터의 주문이다. 프런트에서는 급하게 정비가 필요한 객실에 대한 요청과 룸 점검, 미니바 점검 등과 관련한 요청을 한다. 만약 프런트에서 미니바 점검을 요청했는데 룸 메이드가 이를 곧바로 수행하지 않으면 미니바 스키퍼가 발생하게 되고 이는 호텔 수익과 밀접한 연관이 있다. 그리고 프런트에서 급하게 정비해야 하는 객실을 요청했을 경우에도 이를 곧바로 수행하지 않으면 객실이 완벽하게 정비되지 않은 상태로 고객이 입실하는 상황이 발생하게 된다. 이 경우 고객에게 많은 불편을 줄 수 있을 뿐만 아니라 호텔 전체적인 이미지에도 영향을 끼친다. 고객의 주문은 주문 전달실과 객실을 정비하면서 직접 접촉하게 되는 고객으로부터 받는다. 고객은 주로 미니바나 객실 편의 용품을 갖다달라거나 세탁물을 빼달라거나 하는 등의 요청을 하는데 고객의 주문은 그 어떤 주문보다도 우선시되어야 한다. 고객이 주문을 했는데 곧바로 실행하지 않을 경우 이는 곧바로 컴플레인으로 이어지기 때문이다.

이처럼 룸 메이드가 프런트나 고객의 주문을 지연시키거나 제대로 하지 않을 경우 이는 단지 주문 처리 지연으로 끝나는 것이 아니라 호텔 서비스에 대한 평가로 이어진다. 따라서 룸 메이드 업무는 명령 수행 능력이 필수라고 할 수 있다. 또한 명령 수행 능력은 명령 수행의 우선 순위를 매기는 능력이 요구되는데 객실 정비 업무와 함께 각종 주문들이 있을 경우 어떤 주문을 가장 먼저 처리해야 하는지 등의 순위를 설정하는 것은 오랜 객실 정비 경험을 통해서 터득되는 것이다.

2) 대인 서비스를 하는데 필요한 요소

룸 메이드는 객실을 정비하면서 객실을 출입하는 고객과 직접 접촉하며 대인 서비스를 한다. 고객과 직접 접촉을 한다는 것은 단순히 마주친다는 의미가 아니라 고객의 각종 요구를 해결해야 한다는 것이다. 대인 서비스를 잘 하기 위해서는 ① 고객 정보 처리 능력, ② 감정 관리 능력, ③ 어학 능력이 요구된다.

(1) 고객 정보 처리 능력

룸 메이드에게 객실 관리는 단지 객실 정비를 단시간에 깨끗하게 정확하게 해내는 것만을 의미하지 않는다. 호텔은 객실을 단순히 판매하는 것이 아니라 객실을 통해 고객 서비스를 하는 곳이기 때문에 객실은 단순히 청결도만이 아닌 고객 개개인의 만족을 이끌어내야 한다. 그러다보니 룸 메이드는 객실 정비 시 고객의 동태를 파악하고 세심한 주의를 기울여야만 한다.

룸 메이드는 고객과 관련된 사항에 대해 놀라울 정도의 관찰력을 가지고 있다. 고객의 객실 출입 여부를 파악하고 있고, 현재 어떤 고객이 묵고 있는지까지 알고 있다. 그리고 그 고객이 단골(repeat guest)일 경우에는 고객의 이력까지 모두 알고 있다. 고객은 룸 메이드들의 주요한 관심의 대상 중 하나다. 객실을 정비하는 과정에서 고객의 동태는 중요한 변수로 작용하기 때문에 많은 관심을 기울이고 있고 그러다보니 호텔의 객실 부문에서 룸 메이드만큼 객실 상태와 고객 상황과 동태를 잘 알고 있는 이들이 없다.[27] '일본 여성 2명이 묵었다.' '젊은 남녀가 묵었다. 근데 결혼한 사이 같지는 않다' 등으로 객실에 묵는 고객에 대한 상당한 정보를 가지고 있다.

고객에 대한 많은 정보 수집은 호텔 측에서도 권하고 있다. 호텔은 방문한 고객이 재방문할 수 있도록 하는 서비스를 지향하고 있기 때문에 고객의 이력을 기록해놓고 있다. 룸 메이드는 고객의 특징들을 파악해 고객의 이력을 작성할 뿐 아니라 이를 기억해두고 있다가 고객의 재방문 시 고객의 특징을 고려한 객실 정비를 하고

---

27) 프런트와 주문 전달실은 컴퓨터상으로만 객실 상태를 안다. 실제로 현장에서의 객실 상태와 컴퓨터상의 객실 상태는 차이가 난다. 호텔의 자동화된 객실 관리 시스템은 고객이 객실을 나간 경우 20분 후에나 인식할 수 있는데다가 잦은 에러까지 발생하기 때문이다. 이러한 현장과 프런트의 객실 상태 차이는 프런트에서 객실을 판매하는 과정에 많은 문제를 낳는다. 프런트는 외출중인 고객의 객실을 체크아웃인줄 알고 중복 판매한다든지, 정비되지 않은 객실을 고객에게 배정한다든지, 정비 중인 객실을 고객에게 배정한다든지 하는 잘못을 자주 범했다.

있다. 호텔의 장기 고객이나 VIP 고객 중에는 투숙하는 동안 항상 객실을 관리했던 메이드를 요청하는 이들도 있다. 경력이 오래된 메이드는 고객의 특성을 잘 파악해 기억해뒀다가 고객이 다시 찾을 때 굳이 말하지 않아도 알아서 챙기기 때문이다. 각각의 고객이 가습기를 원하는지, 생수를 많이 마시는지, 타월을 많이 사용하는지 등등을 기억해 두고 알아서 챙긴다. 이처럼 고객 서비스 차원에서 고객에 대한 전반적인 상황 파악은 중요하다. 그리고 이러한 고객에 대한 각종 정보는 객실 정비에 대한 기본적인 것들이 어느 정도 익숙해진 이후에나 가능한 것으로 오랜 경험을 토대로 하고 있다.

(2) 감정 관리 능력

룸 메이드는 고객들과 빈번하게 접촉하는 작업 환경에서 일하기 때문에 고객 서비스 차원에서 세심한 주의가 필요하다. 높은 고객 접촉도는 곧 고객 앞에서 자신의 감정을 통제하며 고객의 만족을 위해 감정 노동을 수행한다는 의미이기도 하다(박홍주, 1995; 김민주, 1998). 따라서 고객에게 말할 때 얼굴 표정이나 언어, 태도, 각종 컴플레인 등에 대한 지식을 토대로 자신의 감정을 통제하면서 고객에 대한 서비스를 수행해야 한다.

룸 메이드의 작업장인 객실은 호텔의 로비나 식당 등과 달리 사적 공간으로 인식되기 때문에 호텔 내 다른 대인 서비스 직종에서보다 더 다양한 고객 변수가 있다. 객실에서는 고객의 성희롱이나 폭력 등과 같은 다양한 상황이 발생한다. 특히 룸 메이드가 모두 여성이다 보니 성희롱 상황이 자주 발생한다(조민호, 1998). 고객들 중에는 룸 메이드에게 객실 편의 용품을 요청해놓고 가지고 들어가면 자신의 성기를 노출시킨다거나 재실 청소를 하는 중에 침대에 누워서 포르노를 틀어놓는 경우가 있다. 이런 경우 룸 메이드는 고객이 좀 심하다 싶은 경우에 고객의 기분을 상하게 하지 않는 방식으로 대처한다.

이처럼 고객의 일방적인 잘못이나 상식적으로 이해할 수 없는 상황이라고 하더라도 고객이기 때문에 함부로 할 수가 없다. 만약 룸 메이드가 고객의 잘못된 태도로 인해 기분이 상한다고 해서 고객을 질책하거나 거센 반응을 보일 경우 고객은 기분을 상하게 되고 이러한 요인이 컴플레인으로 이어지면서 호텔 서비스 전반에 대한 평가로까지 이어진다. 지금까지 호텔에서 발생하는 고객으로부터의 각종 성희롱이나 폭력 등이 비가시화된 데는 룸 메이드가 이러한 상황 등에 적절하게 대처해 왔다는 의미이기도 하다.[28]

룸 메이드는 고객의 성희롱이나 폭력 등에 대해 고객의 상태에 따라 다양한 대처 전략들을 가지고 있다. 성희롱의 경우 참아야 하

---

28) 고객에 의한 성희롱 문제가 가시화되어 현재 '남녀고용평등 및 일·가정 양립에 관한 법'에 따르면 대인 서비스직의 경우에도 성희롱이 성립한다(2008년 법개정). 고평법상의 고객에 의한 성희롱은 일반 서비스업의 고객의 불특정성, 고객의 이동성, 사업의 특성(고객=소비자)을 이유로 고객에 대한 규제를 하지 않고 있다. 따라서 성희롱이 발생했을 경우 해당 노동자는 근무 장소 변경, 배치 전환 등을 요구할 수 있고, 사업주는 성희롱 피해를 이유로 해고나 그 밖의 불이익한 조치를 할 수 없다는 소극적인 수준에 머무르고 있다. 대인 서비스가 이뤄지는 작업장의 경우 사용자 책임을 강화함으로써(국미애, 2003) 사용자가 적극적으로 고객 성희롱이 발생하지 않도록 환경을 조성하는 것이 필요하다. 현재 고객에 의한 성희롱 문제는 돌봄 사회화에 따라 돌봄 노동자가 증가하면서 돌봄 노동자의 성희롱 문제로 가시화되고 있기도 하다(김양지영, 2009).

는 수준과 대응할 때 어느 정도 수위로 맞춰 해야 하는지, 술 취한 고객의 경우 이성적으로 얘기하기 보다는 달래는 방법으로 어떤 언어와 태도를 보이면서 달래야 하는지 등에 대한 고객 상황에 따른 다양한 대처법을 가지고 있다. 룸 메이드의 고객에 대한 다양한 대처 전략은 자신의 감정을 숨기고 고객 만족을 위해 감정 노동을 수행하는 것으로, 이러한 룸 메이드의 감정 관리 능력은 오랜 경험을 통해서 습득되는 것이다.

(3) 어학 능력[29]

호텔에서 일하는 직원의 가장 기본적인 능력은 어학(일본어, 영어)이다. 특히 객실 부문은 호텔 내 다른 곳보다도 어학을 중요시하고 있다. 그러다보니 객실 부문에서 중요한 부서는 어학 실력이 뛰어난 곳(프런트, 교환)으로 인식되고 있다. A호텔은 일본 고객이 많은 관계로 일본어가 필수인데도 불구하고 일본어 실력을 별로 고려하지 않는 인력 채용을 하고 있다.[30] 이는 호텔이 어학이라고

---

[29] 호텔에서 어학 능력은 많은 고객들이 외국인임을 감안할 때 고객 서비스를 제공하기 위한 기본적인 의사소통을 위해서 절대적으로 필요한 요인이다. 특히 한국은 외국에 비해 언어적 소통의 문제가 훨씬 중요하다. 실제 한국의 호텔에서 많은 인사와 교육 담당자들이 관심을 갖고 지원하는 분야의 대부분이 영어와 같은 외국어 습득 부분이다(조민호, 1998).

[30] A호텔은 주요 고객층이 일본인이다 보니 영어보다도 일본어를 더 중시한다. 그러나 호텔에서는 인력을 뽑을 때 일본어 실력을 크게 고려하지 않는다. 신입 사원들은 모두들 영어는 좀 하는데 일본어는 거의 할 줄 모른다고 한다. 입사 후 회사의 매뉴얼을 보고 공부하면서 어학 실력을 늘리고 있다. 호텔에서 사용하는 어학은 일반 회화와 달리 경어를 사용하는 것으로 A호텔 매뉴얼에는 각 부서에 따라 업무에 필요한 호텔 관련 용어와 언어 형식들이 포함되어 있다. 직원 대부분은 호텔 어학 매뉴얼을 암기해뒀다가 약간의 응용을 해 사용하고 있다.

하는 것을 입사 후 교육을 통해, 근무하면서 쌓은 경험을 통해 충분히 할 수 있는 것으로 파악하고 있다는 것을 보여준다. 회사 내 무료 어학 강습이 열려있고, 특히 객실 부문에서 정규직을 대상으로 1년에 4번씩 정기적으로 영어와 일본어 시험을 본다는 것도 호텔의 어학에 대한 기본 태도를 잘 보여준다.

객실 부문에서 객실 정비를 맡고 있는 룸 메이드는 고객과 잦은 접촉을 함에도 불구하고 간단한 인사 정도로 어학이 별로 필요 없는데다가 어학 능력도 없을 거라고 평가받고 있다. 실제로 그러한 전제에 따라 현재 공식적인 어학 교육이 실시되고 있지 않다. 그러다보니 룸 메이드 가운데 어학의 필요성을 느낀 이들은 비공식적으로 어학을 배우고 있고 그 결과 룸 메이드 간의 어학 편차가 크다. 일본어와 영어까지 의사소통에 무리가 없게 하는 이들이 있는가하면 아주 간단한 정도의 인사만을 알고 있는 이들도 있다.

룸 메이드는 어학이 필요하지 않다는 호텔의 인식과는 달리 룸 메이드에게 있어 어학은 고객과 1:1로 접촉하면서 고객의 다양한 요구를 해결하는 과정에서 반드시 필요한 것이다. 일본어를 잘하는 메이드가 다른 메이드들을 위해 통역하러 다니느라고 객실 정비가 자주 지연되는 것을 통해서도 그 필요성을 알 수 있다. 그리고 어학 수준도 단순한 인사나 간단한 몇 마디 이상으로 충분한 의사소통이 가능한 정도로 필요하다.

> 한 메이드가 고객(일본인)의 청소 요청으로 재실 정비하러 들어가 고객과 얘기를 해 욕실 청소와 쓰레기를 버리는 정도로 청소를 했다. 여자 고객은 같이 온 남자 고객이 자고 있으니 방해되지 않도록 주의하면서 간

단하게 욕실 청소와 쓰레기 정도를 버려 달라고 요청했다(현장 일지 2005. 1. 8).

이처럼 객실에서 필요한 어학은 단순한 수준 이상이다. 아웃소싱 이전에는 호텔에서도 룸 메이드에게 어학이 반드시 필요하다고 보고 신입 직원들이 들어오면 어학 교육에 초점을 맞췄다. 직원을 대상으로 한 어학 강좌를 적극 권장하며 룸 메이드를 위한 일본어 새벽반을 개설하기도 했다.

그러나 아웃소싱된 이후에는 용역 회사에서 어학 교육과 관련된 지원을 해야 한다는 인식이 부재함에 따라 어학 교육이 전혀 이뤄지지 않고 있다. 현재 어학을 좀 할 줄 아는 사람은 당시 어학을 할 수 있는 통로가 있었을 때 교육에 참여해 열심히 했던 이들이다. 룸 메이드가 어학 능력이 떨어지는 이유는 어학의 필요성을 강조하지 않고 교육 훈련하지 않은 결과라고 할 수 있다.

룸 메이드는 고객과 직접 접촉하는 대인 서비스를 하는 곳으로 어학 능력이 반드시 필요하다. 실제 작업 과정에서 룸 메이드가 의사소통이 가능한 정도의 어학을 구사하지 못할 경우 고객은 답답함을 느낀다. 그리고 이러한 고객의 불편은 호텔에 대한 만족도에 부정적인 영향을 끼칠 수 있다. 따라서 룸 메이드의 어학 수준 향상을 위한 교육과 투자는 호텔 서비스의 질을 한층 높일 수 있는 방법이라고 할 수 있다.

4. 비정규직은 긴 교육 훈련, 많은 업무 지식, 오랜 경험을 토대로 한 숙련 수준 필요

지금까지 ① 교육 훈련, ② 업무 지식(교육 훈련 지식, 작업 지식), ③ 신속함, ④ 작업 계획 짜는 능력, ⑤ 기억력, ⑥ 명령 수행 능력, ⑦ 고객 정보 처리 능력, ⑧ 감정 관리 능력, ⑨ 어학 능력의 기준을 가지고 비정규직 룸 메이드의 숙련 수준을 살펴보았다.

가장 먼저 교육 훈련과 업무 지식을 통해 룸 메이드 업무를 하는 데 기본적으로 필요한 지식들이 어떤 것들인지를 살펴보았다. 룸 메이드 업무는 입사 후 일정 기간(1달 반)의 교육 훈련이 필요한 일로 이후에도 지속적인 교육 훈련이 필요하다. 룸 메이드 업무가 오랜 교육 훈련을 통한 숙련 형성이 필요한 일이라는 것은 호텔 측이 경력에 따라 층별 인력 배치를 달리하는 것에서도 잘 드러난다. 그리고 룸 메이드 업무가 오랜 숙련 형성 기간이 필요하다는 것은 많은 업무 지식이 필요하다는 것을 의미한다. 업무 지식은 교육 훈련 지식과 작업 지식으로 나뉘는데 교육 훈련 지식에는 ① 작업장에 대한 지식, ② 객실 정비 지식, ③ 객실 관련 용어에 대한 지식, ④ 컴퓨터 활용 지식이 있다. 룸 메이드는 작업장인 호텔의 각 층과 객실에 대해 그 누구보다도 잘 알고 있어야 한다. 객실 정비를 하기 위해 기본적으로 복잡한 작업 도구와 객실 정비 절차와 방법에 대해 알고 있어야 한다. 이뿐 아니라 영어로 이뤄진 각종 작업 용어와 객실 정비를 하는 데 반드시 필요한 컴퓨터 활용 지식까지 알고 있어야 한다. 이와 같은 교육 훈련을 통해 습득된 지식만으로는 객실 정비가 이뤄지지 않는다. 교육 훈련 지식을 토대로 오랫동안 객실 정비를 하면서 쌓게 된 각종 지식과 노하우라는 작업 지식을 가짐으로써 작업 환경 전반에 대한 이해와 작업장에 대한 통제력을 가질 수 있다. 이렇게 습득된 작업 지식 즉 다양한 노하우와 오랜 경험을 통해 습득된 능력은 객실 정비가 주어진 시간 내에 완벽하게 이뤄질 수 있도록 하고 있다.

룸 메이드의 직무 특성에 따라 추출한 7가지 숙련 요소를 가지고 숙련 수준을 살펴보았다. 숙련 요소는 크게 객실 정비를 최대한 빨리, 깨끗하게 해내기 위한 객실 정비시간을 최소화할 수 있는 숙련 요소와 대인 서비스를 잘 할 수 있는 숙련 요소로 나뉜다.

작업 시간을 최소화하기 위해서는 동선을 최소화해야 하는 것이 필수이고, 동선을 최소화하기 위해서는 ① 신속함, ② 작업 계획 짜는 능력, ③ 고도의 기억력, ④ 명령 수행 능력이 요구된다. 룸 메이드는 하루에 12개 객실을 재실은 20분, 체크아웃 객실은 40분 안에 정비해내야 하기 때문에 신속함이 무엇보다도 요구된다. 특히 급한 경우에는 40분이 걸리는 객실을 2~30분 만에라도 정비해내는 신속함을 가지고 있어야 한다. 객실을 신속하게 정비해내기 위해서는 작업 계획을 세우는 능력이 요구된다. 작업 계획 짜는 능력은 룸 메이드의 생명이라고 할 수 있는 동선을 최소화함으로써 최단 시간에 객실을 깨끗하게 정비하는 데 필수라고 할 수 있다. 또한 객실 정비시간을 줄이기 위해서는 작업 계획 짜는 능력과 함께 고도의 기억력이 요구된다. 객실 정비를 하면서 챙겨야 할 것들이 너무 많기 때문에 이것들을 최대한 한꺼번에 기억해서 해내는 능력이 필요하다. 이처럼 룸 메이드 업무는 객실 정비를 빠른 시간 내에 깨끗하게 해내는 것만이 아니라 기본적으로 명령 수행 능력이 전제되어야만 가능하다. 객실 정비 중간 중간 고객과 프런트로부터의 각종 주문을 처리하면서 객실 정비를 해내야 하는데 각종 주문은 호텔 서비스나 수익과 직접적으로 연관된 문제이기 때문에 주문이 있을 때마다 즉각 처리하는 명령 수행 능력이 필요하다.

대인 서비스를 잘 하기 위해서는 ① 고객 정보 처리 능력, ② 감정 관리 능력, ③ 어학 능력이 요구된다. 호텔은 객실을 단순히 판매하는 것이 아니라 객실을 통해 고객 서비스를 하는 곳이기 때문에 객실은 단순히 청결도만이 아닌 고객 개개인의 만족을 이끌어내야 한다. 그러다보니 룸 메이드는 객실 정비 시 고객의 동태를 파악하고 세심한 주의를 기울일 뿐 아니라 고객에 대한 정보를 수집함으로써 고객 정보 처리 능력이 요구된다. 룸 메이드의 높은 고객 접촉도는 고객 앞에서 자신의 감정을 통제하며 고객의 만족을 위해 감정 노동을 수행한다는 의미로 감정 관리 능력이 필요하다는 것을 보여준다. 그리고 룸 메이드는 어학이 필요하지 않다는 호텔의 전제와 달리 고객과 1:1로 접촉하면서 고객의 다양한 요구를 해결하는 과정에서 어학은 반드시 필요한 능력이 되고 있다. 어학 수준도 단순한 인사나 간단한 몇 마디 이상으로 충분한 의사소통이 가능한 정도로 필요하다.

따라서 룸 메이드는 교육 훈련 기간도 길고, 많은 업무 지식을 필요로 할 뿐 아니라 직무 특성에 따른 7가지 숙련 요소에서도 각 요소 항목마다 오랜 경험을 토대로 한 높은 숙련 수준이 요구되고 있음을 알 수 있다.

제9장
숙련, 핵심 노동자인 정규직의 숙련

룸 메이드와 층 지원자 간의 숙련 수준을 비교하기 위해 룸 메이드와 동일한 9가지 숙련 요소를 가지고 정규직 층 지원자의 숙련 수준을 살펴봐야 한다. 층 지원자의 숙련 또한 일반적인 숙련 구성 요소인 교육 훈련과 업무 지식(교육 훈련 지식, 작업지식)을 먼저 살펴보고, 직무 특성에 따른 숙련 요소의 경우 층 심부름을 잘 하는 데 필요한 요소(신속함, 작업 계획 짜는 능력, 기억력, 명령 수행 능력)과 대인 서비스를 하는 데 필요한 요소(고객 정보 처리 능력, 감정 관리 능력, 어학 능력)로 범주화해 살펴볼 것이다.

1. 교육 훈련 기간

층 지원자는 정해진 교육 훈련 과정이 없고 업무와 관련한 것을 선배들로부터 직접 배우고 있다. 층 지원자의 주요 업무인 층 심부름은 많은 업무 지식을 필요로 하는 것이 아니기 때문에 선배는 후배를 한두 번 데리고 다니면서 일을 가르쳐주는 것으로 교육 훈련을 마친다. 후배는 선배가 하는 걸 몇 번 보고 배운 후 층 심부름을 무리 없이 해낸다. 층 지원자 대부분은 층 심부름 외의 각종 지원 업무와 관련한 업무 지식을 공식적으로 배우거나 하지 않고 비공식적으로 옆에서 하는 걸 보고 조금씩 배워나간다. 오히려 정해진 교육을 받는 기회는 호텔의 정규직원을 대상으로 한 상시적인 서비스 교육을 통해서이다. 이처럼 정해진 교육 훈련 과정이 없다는 것은 그 만큼 층 지원 업무가 오랜 숙련 형성이 필요하지 않은 일임을 의미한다.

2. 업무 지식

업무 지식은 교육 훈련을 통해 얻어지는 교육 훈련 지식과 작업 지식으로 구성된다. 작업 지식은 교육 훈련 지식을 토대로 직접 층 지원 업무를 하면서 쌓게 되는 각종 지식과 노하우를 말한다.

1) 교육 훈련 지식

층 지원자의 교육 훈련 지식은 ① 작업장에 대한 지식, ② 층 지원 지식(층 심부름 지식, 객실 관리부서 지원 지식), ③ 객실 관련 용어 지식, ④ 컴퓨터 활용 지식이 있다.

(1) 작업장에 대한 지식[1]

층 지원자는 주문 전달실과 객실이 있는 각 층이 주요 작업장이

---

1) 5장의 사무실 <그림-2>와 층 현황 <그림-4> 참고.

다. 주요 작업장이 호텔의 각 층과 객실이라는 것은 룸 메이드와 같다. 차이가 있다면 룸 메이드에게 있어 각 층과 객실은 종일 일하는 작업장인데 반해 층 지원자에게는 층 심부름을 할 때 잠깐 들르는 작업장이라는 것이다. 층 지원자는 층 심부름을 할 수 있는 정도의 각 층과 객실에 대한 지식만을 가진다. 층 심부름의 상당부분을 차지하는 금고 따기(금고문 열기)를 살펴보면 금고 따기를 하기 위해서는 객실 내 금고 위치가 어디에 있는지 정도를 파악하면 된다. 층 심부름은 시간을 다투며 하는 일이 아니기 때문에 각 층과 객실에 대해서 잘 모른다고 해서 크게 문제될 것은 없다. 층 지원자는 층 심부름을 뛰는 데 어려움이 없을 정도로만 객실과 각 층에 대해 알면 된다. 층 지원자가 룸 메이드와 달리 단독으로 알고 있어야 하는 작업장은 객실 관리 사무실의 창고이다. 층 심부름 가운데 상당수가 사무실 창고에 있는 물건을 가져다주는 것이기 때문에 창고에 있는 각종 물품의 수량과 위치를 알아야 한다.

(2) 층 지원 지식

층 지원자는 하루 3교대로 오전조(오전 7시~오후 1시), 오후조(오후 1시~밤 10시), 야간조(밤 10시~오전 7시)[2] 각각 2명씩 총 8명이 근무한다. 층 지원자의 주 업무는 층 심부름과 객실 관리부서의 각종 지원이다. 이 가운데 층 지원자 본연의 업무는 층 심부름으로 근무 일지에 층 심부름과 관련된 사항만 적는 것을 통해서도

---

2) 24시간 영업이라는 호텔의 특성상 객실 관리 사무실의 주력팀이 근무하지 않는 동안 그 자리를 별 탈 없이 메우는 역할을 한다.

알 수 있다. 층 지원자는 경력에 따라 하는 일이 2가지로 나뉜다. 후배는 층 심부름을 다니고, 선배는 사무실에서 각종 지원 업무를 한다.

〈표-10〉 층 지원자의 근무 일지

시간	근무자	업무 내용 및 인계 사항	특이 사항
07:00 ~ 13:00	산학 층 지원자	<층 지원자 오전 근무 일지> -미니바 물품 불출 -금고: 629, 736, 1230, 936, 1706, 1028, 311, 1043, 611, 723, 1113.	
13:00 ~ 20:00	A 층 지원자 B 층 지원자	<층 지원자 오후 근무 일지> -습득물 퀵 서비스 처리: 7367(접수 번호) -금고: 1017, 313, 2208, 501, 619 -타월 3장 입(入): 922호 -타월 가운 3장 입: 922호 -한실 베개 입: 1136호 -마우스 입: 1506, 1508호 -습득물 접수: 7415, 7390, 7039(접수 번호)	

〈표-11〉층 지원자 야근 중 주문 주고받기 기록
(Order Taking Memo)(총 15건)

객실 번호 (주문 준 곳)		접수시간	용건	처리	접수자	담당자
1	339호	22:03	339호 샤워 젤, 로션, 샴푸, 린스 입	OK	층 지원자	
2	923호	22:19	애기가 구토해서 시트를 교체함	OK	〃	
3	교환	22:19	829호 더운 물 안 나옴(온수양이 부족해서 센서 맞춤)		〃	
4	프런트	22:23	1505호 트윈 룸(twin room) 만들기	OK	〃	
5	946	22:27	세탁물(일반) 받아오기	OK	〃	
6	프런트	22:44	1405호 슬리퍼 입	OK	〃	
7	623	23:30	금고 열기(전원이 꺼짐)	OK	〃	
8	2603	〃	담요 2장, 베개 1개 입	OK	〃	
9	636	24:00	생수 2병 입	OK	〃	
10	프런트	00:54	1407호 변기 막힘(휴지 과다)	OK	〃	
11	1218	01:20	욕실 넘침, 타월로 임시 조치함	OK	〃	
12	1504	01:42	생수 1병 입	OK	〃	
13	2226	03:29	영화 취소 요청	OK	〃	
14	1229	〃	생수	OK	〃	
15	프런트	04:31	1201, 1245호 생수 1병 입	OK	〃	
총 15곳						

*야간 근무 일지(20:00~07:00)는 주문 주고받기 메모로 대신한다.

가. 층 심부름 지식

층 심부름은 주문 전달실의 주문 전달자로부터 주문을 받아서 각 층의 객실로 심부름을 뛰는 것이다. 층 심부름을 뛸 때는 호텔 전 객실이 다 열리는 만능 키와 금고 키를 가지고 다닌다. 층 지원자의 층 심부름은 객실 정비팀(룸 메이드, 점검원, 지원반) 출퇴근

전후로 해서 2가지 유형으로 나뉜다.

객실 정비팀이 근무하고 있는 동안(오전 9:00~오후 6:00)에 이뤄지는 층 심부름은 고객과 객실 정비팀의 요청에 따라 객실 관리 사무실 옆 창고에 있는 물건을 각 층으로 가져다주는 것이다.3) 층 심부름을 하기 위해서 갖춰야 하는 업무 지식은 고객을 접할 때의 기본 예절, 비디오 등의 간단한 설치 방법, 금고 따는 기술 등이다. 층 지원자의 주요 업무 가운데 하나인 금고 따기를 예로 들면 금고 따기는 층 지원 업무 중에 유일하게 도구(금고 키, 드라이버)를 사용한다.

> 벨을 눌러 고객 재실 여부를 확인한다. → 문을 열고 들어가서 금고 위치를 찾는다. → 금고 문의 오른쪽 상단에 있는 나사를 드라이버를 이용해 왼쪽으로 돌려 뺀다. → 금고 문의 볼록 나온 부분을 오른편으로 밀면서 연다. → 가지고 간 열쇠를 구멍에 맞춰 왼쪽으로 반 바퀴 돌린 후 오른쪽 구멍에 드라이버를 넣고 오른쪽으로 돌린다. → 금고 문을 열고 금고 안에 있는 막대 봉을 들었다가 놓는다. 그럼 금고 문이 열린다. → 금고 문을 닫고 금고 문에 볼록 나온 부분을 잘 맞춘 뒤 드라이버로 돌려 고정시킨다.

층 지원자의 층 심부름 중 주요 업무인 금고 따기는 많을 때는 하루에 20건 이상씩 발생한다.4)

---

3) 층 심부름의 실제 내용을 보면 객실과 관련해 금고 따기, 비디오 철수, 가습기 투입 등이 있다. 고객과 관련한 층 심부름은 한 예로 고객이 객실 내 냉장고가 작아서 냉동이 잘 안 돼 아이스크림을 넣을 수 없다고 하자 아이스크림을 가져다가 사무실의 냉장고에 넣은 경우처럼 고객의 요청에 따라 다양하다.

4) 고객들이 금고를 사용하고 나서 금고문 안쪽에 있는 잠금 장치(막대 봉)

객실 정비팀이 퇴근한 오후 6시부터 다음날 오전 7시까지의 층 심부름은 객실 정비팀이 했던 일까지를 포함하는 것이다. 객실 정비팀 대신 고객의 요청을 해결하기 때문에 층 심부름이 많아지면서 바빠진다. 이때가 층 지원자가 가장 바쁜 때이면서 동시에 가장 필요한 때이다. 층 지원자는 룸 메이드를 비롯한 객실 정비팀의 역할을 최소한으로 하면서 룸 메이드가 없는 시간을 메우는 역할을 한다. 객실 정비는 오후 6시 이후에는 하지 않는 것이 원칙이기 때문에 고객의 요청이 있을 경우에 한해 간단하게 시트나 타월 교체만 한다. 층 지원자는 룸 메이드(객실 정비팀)를 지원하기 위해 기초적인 객실 정비 지식과 객실 편의 용품이 있는 린넨실에 대해 알고 있어야 한다. 그러나 이는 어디까지나 최소한의 보조적인 차원의 업무 지식으로 층 지원자에게 객실 정비에 관한 공식적인 교육이 이뤄지지 않는 것을 통해서도 잘 알 수 있다.

나. 객실 관리부서 지원 지식

객실 관리부서 지원 업무는 주문 전달실 지원, 분실물 관리, 미니바 지원이 있다. 이러한 지원 업무는 주로 경력자들이 하는데 지원 업무가 특별하게 많은 지식이 필요해서가 아니라 경력자가 층 심부름을 다니지 않기 때문에 사무실에서 각종 지원 업무를 하는 것이다.

를 뽑지 않고 나가기 때문에 금고 잠김이 자주 발생한다. 체크아웃하면서 금고문 안쪽에 있는 잠금 장치를 뽑고 갈 고객은 흔치 않다. 그리고 금고문에 붙어있는 금고 사용법에 관한 짧은 설명(notice)이 부정확해 금고 잠김 문제가 자주 발생하기도 한다. 금고의 교체나 자세한 설명만으로도 층 지원자의 일은 상당 부분 줄어들 것이다.

① 주문 전달실 지원

층 지원자는 주문 전달실에 주문 전달자와 함께 있으면서 주문 전달자 보조 등의 잡다한 일을 한다. 주로 주문 전달자가 바쁠 때 간단한 전화 등을 받아주고, 주문 전달자가 화장실이나 식사 등으로 잠깐 자리를 비울 때 주문 전달자를 대신하는 것을 말한다. 주문 전달자를 지원하기 위해서는 주문 주고받기를 할 수 있는 지식과 컴퓨터 활용 지식이 필요하다. 주문 주고받기를 하기 위해서는 객실 정비팀에게 주문을 주는 데 필요한 각 층별 룸 메이드의 호출기 번호와 층을 맡은 점검원의 이름과 핸드폰 번호를 알아야 한다. 그리고 객실 정비팀으로부터 온 주문을 처리하는 데 필요한 프런트, 전기실, 케이블 TV실 등의 각종 연락처와 해당 부서에서 하는 일이 어떤 것인지를 파악해야 한다. 주문이 왔을 경우 전기반에서 하는 일인지 TV실에서 하는 일인지를 알아야 해당 부서에 연락해 주문을 주기 때문이다. 주문 주고받기에 필요한 각종 연락처 등은 주문 전달실 사무실 벽면과 책상의 유리판 밑에 붙어 있어 굳이 외우고 있지 않더라도 업무를 할 수 있다. 층 지원자는 주문 전달자가 바쁘거나 할 때 주문 전달자를 보조하는 것이기 때문에 주문 주고받기 지식은 보조하는 데 무리가 없을 정도로만 가지고 있으면 된다.

주문 전달자 지원 외에 주문 전달실에서 이뤄지는 업무들 가운데 주문 전달자의 과도한 업무로 인해 층 지원자가 지원하는 업무로 '턴다운 서비스' 리스트와 '객실 관리 보고서(Housekeeping Report)'[5]

---

5) 각 층에서 파악한 객실 상태와 프런트의 객실 상태를 대조하기 위해 작성하는 것이다. 이러한 대조 작업을 통해 현장과 프런트 컴퓨터상의 객실 상태 차이를 재조정한다.

작성이 있다. 턴다운 서비스 리스트는 층 지원자 중에 경력자가 맡아서 하는 것으로 오후 3, 4시쯤 고객 리스트를 뽑아서 고객 중에 VIP, 단골(Repeat Quest), 외국인 단독 여행객(FIT) 3박 4일 이상, 호텔 멤버십 회원 등인 경우를 골라서 표시하는 것이다. 객실 관리 보고서는 오후 5시쯤 각 층의 점검원이 보내주는 메일이나 전화를 통해 객실 상태(재실 객실, 체크아웃 객실 등)를 보고받아 주어진 양식에 작성해 프런트로 보내는 것으로 주문 전달자와 같이 한다. 턴다운 리스트를 뽑을 때는 턴다운 할 고객의 조건 몇 가지를 외워서 정하고, 객실 관리 보고서를 작성할 때는 각 층에서 불러준 객실 상태를 객실 번호에 맞게 정확하게 표기하면 된다.

② 분실물 관리

분실물 관리는 주문 전달자도 함께 하는데 층 지원자가 더 많이 하고 있다. 고객이 객실 쓰레기통에 버리지 않은 것이라면 분실물로 간주되어 사무실로 전달된다. 분실물이 습득되면 분실물 대장에 기록하고, 비닐 봉투에 넣어 기본적인 사항(발견 장소, 발견자, 날짜, 시간)을 기록한 종이와 함께 분실물 보관함에 넣어 보관한다. 고객이 분실물을 보내달라고 하면 해당 분실물을 찾아서 착불로 택배나 일반 우편, 항공 우편으로 보낸다. 이럴 경우 포장을 직접 하고, 배송을 책임진다. 고객이 직접 분실물을 찾으러 오는 경우는 이 분실물을 프런트로 가져다준다. 이러한 일련의 과정처럼 분실물 관리는 분실물 대장에 기본적인 사항을 정확하게 기록한 후 고객이 분실물을 찾을 때 분실물 대장을 잘 살펴 분실물을 찾아주는 일이다.

③ 미니바 지원

충 지원자 모두가 하는 미니바 지원은 점검 결과를 컴퓨터에 입력하는 것이다. 미니바 담당자를 지원하는 업무는 충 지원자 가운데 경력 있는 한 명이 맡아서 하고 있다.[6] 미니바 업무는 미니바 물품 불출, 재고 조사, 입력, 구매, 판매 현황표 작성으로 이뤄진다. 미니바 카트에 전날의 판매 현황표를 보고 각 층에 필요한 물품을 개수에 맞게 집어넣고(미니바 불출) 창고에 남은 물품을 재고 조사한다. 그리고 저녁에 미니바 프로그램을 활용해 그날 팔린 각 층별 미니바 판매 현황표를 작성한다.

미니바 담당자는 자신의 일에 대해 무척이나 중요하고 신중한 태도를 보였다. 이러한 태도는 남성들의 기술에 대한 독점력과 배타성에 기인한다(김미주, 1988). 실제로 필자가 미니바 지원 업무를 해 본 경험에 따르면 간단한 일이었다. 그래서 미니바 담당자의 간단한 일을 어려운 일인 양 무척이나 신중하게 하는 태도가 기이해 보였을 정도이다. 이러한 미니바 담당자의 태도는 남성들의 '기술'에 대한 태도를 잘 보여준다. 여성의 숙련을 비가시화시키는 기제로 활용되고 있는 기술은 실제로 대단하지 않지만 남성들은 자신들이 가진 기술을 끊임없이 대단하고 어려운 것이라고 강조한다. 이러한 기술에 대한 독점력과 배타성으로 인해 충 지원자는 미니바 담당자로부터 짧은 기간에 배울 수 있는 일을 오랜 기간에 걸쳐 전수받는다.[7] 그 결과 미니바 관련 업무는 담당 주임이 주로 전

---

6) 층 지원자들은 모두 미니바 지원 업무를 하고 싶어 한다. 미니바 지원을 하다가 차후 미니바 담당자가 될 수 있는 전망 있는 일이기 때문이다.

7) 남성들에 반해 여성들이 가진 기술은 중요하고 가치 있는 것으로 인정

담하고 층 지원자는 옆에서 보조하거나 담당자가 자리를 비울 때 지원하는 정도의 업무만을 함으로써 미니바와 관련해 보조적인 차원의 업무 지식만을 가지고 있다.

(3) 객실 관련 용어에 대한 지식

객실 부문에서 일을 하기 위해서는 기본적으로 알아야 하는 객실 용어가 있다. 층 지원자도 룸 메이드처럼 객실 용어에 대해 알고 있어야 한다(부록 1 참고). 그러나 객실 상태와 객실 내 편의 시설이나 편의 용품에 관한 용어는 룸 메이드처럼 상세하게 알 필요 없이 층 심부름을 하기에 무리가 없을 정도로만 대략적으로 알면 된다.

(4) 컴퓨터 활용 지식

컴퓨터 활용은 층 지원자 본연의 업무인 층 심부름과 직접적인 연관이 없고 주문 전달자를 보조할 때 필요하다. 주문 전달자를 보조하기 위해서는 주문 주고받기 업무에 필수적인 프런트 프로그램 활용 지식을 알고 있어야 한다. 층 지원자는 프로그램을 사용하더라도 아주 간단한 것 정도를 한다. 간단하게 객실의 체크인과 체크아웃 상태와 예약 상황, 그 객실에 묵고 있는 고객에 대한 정보, 방 가격 등을 볼 수 있다. 층 지원자는 프로그램과 관련한 공식적

되지 않기에 기술 전수가 쉽고 빠르다(김미주, 1988). 실제로 룸 메이드와 주문 전달자는 필자에게 많은 업무 지식을 가르쳐주었을 뿐만 아니라 오랜 경험을 통해서만 얻을 수 있는 작업 지식도 아주 쉽게 가르쳐주었다.

인 교육을 받은 적이 없고 주문 전달자가 하는 것을 옆에서 보고 배운 것을 토대로 최소한의 것을 다룬다. 컴퓨터 활용은 주문 전달자를 지원하는 차원에서 이뤄지다보니 경력에 따라, 개인의 열의에 따라 차이가 있다. 층 지원자는 주문 전달자가 하는 것만큼 프로그램을 다룰 줄 모르고, 보조적인 차원에서 프로그램 활용 지식을 가지고 있다.

2) 작업 지식

업무 지식은 교육 훈련 지식 외에도 오랜 경험을 통해 습득되는 작업 지식도 포함한다. 작업 지식은 오랫동안 층 지원 업무를 하면서 쌓게 된 각종 지식과 노하우를 말하는 것으로 각 작업자가 작업 환경을 자각, 작업 환경 내부에서 발생하는 다양한 현상을 해석하는 능력을 말한다.

(1) 쉬운 일

객실 부문 남성 직종(벨 맨, 도어 맨, 층 지원자) 중에서 객실 관리부서의 층 지원자는 전망이 없는 것으로 통한다. 층 지원자 가운데 벨 맨과 발레 서비스(주차 서비스)를 한 경험이 있는 이는 층 지원 업무가 그런 업무에 비해 무척이나 편한 일이라고 말한다. 층 지원자들도 모두 자신들의 일이 편하다고 말한다. 편한 일이기 때문에 그만큼 직업 전망도 불투명한 것이다. 층 지원자의 일이 편하다는 것은 그들의 일정 스케줄을 짜는 데서도 잘 드러난다. 층 지원자 2명은 9일을 연속 근무하고 주휴 4일을 쓰는 방식으로 한 달 동안의 일정을 짰다. 이런 일정에 대해 "9일을 연속 일해도 편한 일이니까 괜찮다.", "힘들게 뭐 있어 맨날 와서 노는데"라는 반응을 보였다.[8]

층 지원 업무가 편한 일이라는 것은 그만큼 쉬운 일이라는 의미이기도 하다. 필자는 한 번의 설명과 실습을 받은 후에 층 심부름의 상당 부분을 차지하는 금고 따기 일을 혼자서 할 수 있었다. 금고 5개(재실 객실 1, 체크아웃 객실 4) 가운데 처음 두세 개까지는 미숙해서 시간이 좀 걸렸지만 다섯 번째는 금고 하나를 해결하는 데 3분 정도의 시간밖에 걸리지 않았다. 필자는 금고 따기 외에도 여러 가지 층 심부름을 했는데 한두 번 정도의 설명만을 듣고서도 이후에 무리 없이 해낼 수 있었다. 그만큼 층 지원 업무가 오랜 숙련 기간이 필요하지 않다는 것을 보여준다고 하겠다.

(2) 높은 대체성

층 지원자의 주요 업무인 층 심부름은 높은 대체성을 가지고 있다. 성수기인 연말 한창 바쁜 시기에 두 번씩이나 오전조에 산학 실습생 층 지원자[9] 한 명만을 배정하였다. 층 지원자는 2인 1조가 원칙이지만 층 지원자들이 각종 밀린 휴가 등을 사용하고, 개인 사

---

8) 룸 메이드 가운데 L호텔에서 근무했던 경력이 있는 이는 현재 A호텔의 층 지원자가 하는 일을 L호텔에서 여성 2인 1조로 10년 동안 했었다. 호텔마다 업무 분장이 다양하다는 것을 고려한다고 할지라도 정규직 층 지원자의 주요 업무인 층 심부름은 높은 숙련을 요하는 남성 정규직만의 일이 아님을 알 수 있다.
9) 호텔은 방학 동안 호텔 관련 학과 학생들을 대상으로 산학 실습생을 받는다. 남자 산학 실습생이 바쁜 연말 연초 한 달 동안 층 지원자 실습을 했다.

정에 따라 업무 배치를 하다 보니 발생한 일이다. 오전조에 배정받은 산학 실습생은 별 무리 없이 층 지원자의 일을 해냈다. 이는 층 지원 업무가 오랜 경험이 필요하지 않은 일로 누구나 충분히 해낼 수 있는 대체 가능한 일이라는 것을 보여준다. 그리고 이와 같은 근무 배치는 객실 관리부서에서의 층 지원 업무에 대한 인식을 드러내주는 것이기도 하다. 층 지원 업무가 중요하고 어려운 일이라면 오전조에 산학 실습생만으로 대체할 수 없기 때문이다. 필자와 산학 실습생이 층 심부름을 단독적으로 해낸다는 것은 층 지원 업무의 높은 대체 가능성을 보여주는 것으로 층 지원 업무가 누구나 조금만 배우면 할 수 있는 일로 오랜 경험이 필요하지 않음을 알 수 있다.

(3) 오랜 경험이 작업 지식의 축적을 방해

층 지원 업무는 쉬운 일로 오랜 경험이 필요하지 않은 일이지만 경험에 따라 증가하는 각종 지식이 있고 이는 자신의 일에 대한 통제력을 높일 수 있다. 그러나 층 지원자에게 오랜 경험은 오히려 숙련 형성을 어렵게 하고 있다. 경력자들은 층 심부름을 기피하고 각종 지원 업무에도 소극적인 태도를 보인다. 층 심부름이 있더라도 후배들에게 시킬 뿐 아니라 하더라도 한꺼번에 몰아서 하는 등 자기 편의대로 하고 있다. 지원 업무 중 상당한 비중을 차지하는 주문 전달자 지원을 보면 층 지원자 8명 가운데 경력자 1명과 신입 2명을 제외하고는 거의 지원하지 않는다.[10] 한 경력자 층 지원자의 경우는

---

10) 경력자 1명은 모든 일을 열심히 하는 사람이고, 신입 2명은 주문 전달자보다 나이가 어리기도 하고 많은 업무를 배워서 벨 맨으로 가고자 하기

주문 전달자가 전화를 받을 수 없는 상황인데도 전화를 받아주지 않아 전화가 여러 번 끊긴 적이 있었다. 이처럼 경력자는 층 심부름을 비롯해 각종 지원 역할에 소극적이다. 경력이 증가함에 따라 층 지원 업무에 소극적인 태도를 보인다는 것은 오랜 경험이라고 하는 것이 노하우나 통제력을 높이는 방향이 아니라 오히려 층 지원 업무를 하는 데 방해가 되는 방향으로 나아가고 있음을 알 수 있다.

3. 직무 특성에 따른 숙련 요소

층 지원자 업무는 각 층의 객실 정비팀이나 고객의 주문이 있을 때마다 층 심부름을 신속하게 잘 수행해내는 것이 관건으로 층 심부름을 잘 수행할 수 있는 숙련 요소들이 필요하다. 그리고 층 심부름을 하면서 고객을 직접 접하기 때문에 대인 서비스를 잘 하기 위한 숙련 요소가 필요하다. 층 지원자 직무 특성에 따른 숙련 요소를 층 심부름을 잘 하는 데 필요한 요소와 대인 서비스를 하는 데 필요한 요소 2가지로 범주화해 살펴볼 것이다.

1) 층 심부름을 잘 하는 데 필요한 요소

층 심부름을 잘하기 위해서는 얼마나 신속하게 명령을 수행하느냐가 중요하므로 ① 신속함, ② 명령 수행 능력이 필요하다. 층 지원자의 숙련 요소는 아니지만 룸 메이드와의 숙련 비교를 위해 층 지원 업무를 하는 데 ③ 작업 계획 짜는 능력, ④ 기억력이 얼마나

___

때문에 적극적으로 돕는다.

요구되는지도 함께 살펴본다.

(1) 신속함

층 지원자는 주문 전달실에서 주문 전달자의 주문을 대기하고 있다가 주문 전달자가 주문을 주면 최대한 신속하게 층 심부름을 해야 한다. 층 심부름은 객실 정비팀의 요청에 따른 것과 고객의 요청에 따른 것 2가지로 나뉜다. 각 층에서 객실 정비팀이 금고를 따달라고 한다든지, 필요한 물품을 가져다달라고 하는 것은 객실을 완전한 상품으로 만들기 위한 것으로 층 지원자의 층 심부름이 지연되면 그만큼 객실 상품이 지연되는 것이다. 객실 상품의 지연은 호텔 수익과 서비스에 직접적인 영향을 끼칠 수 있다. 또한 고객이 가습기를 비롯한 객실 편의 용품을 요청했을 때 층 심부름이 지연되면 고객 불만으로 이어짐으로써 호텔 서비스에 부정적인 영향을 끼칠 수 있다. 따라서 층 지원자는 층 심부름이 생길 때마다 즉각적으로 신속하게 수행해야 한다.

그러나 층 지원자는 층 심부름을 하는 데 있어 신속하게 움직이지 않는다. 대부분 자신의 편의에 따라 한꺼번에 모아서 층 심부름을 한다. 주문 전달자가 급하다고 말하면 '급할 게 뭐 있냐'는 식의 태도를 보인다. 층 심부름은 사무실 밖에서 이뤄지다보니 층 지원자가 사무실에 앉아 있으면 일이 없어 한가한 것으로 간주되기 때문에 일이 없더라도 일부러라도 사무실에 있지 않고 둘 중 한 명은 반드시 자리를 비운다.[11] 층 심부름을 핑계로 언제든지 업무 중

---

11) 오전조와 오후조가 교대된 이후 오후 2시부터 오후 4시까지는 층 지원자가 4명으로 인력 과잉 상태이다. 층 지원자 4명이 모두 사무실에 앉아

에 쉴 수 있고, '딴 짓'을 할 수 있다. 남성 휴게실은 담배를 피우거나 얘기할 수 있는 공간이 마련되어 있고, 휴게실 내부에 수면실이 있어 층 지원자는 업무 시간 중에도 이 휴게실을 자주 이용한다. 층 심부름이 사무실 밖을 돌아다니며 하는 업무다보니 층 지원자는 만나는 사람이 많다. 벨 맨, 도어 맨, 객실팀 직원, 인사팀 직원, 식음료부 직원, 룸 메이드, 지원반, 프런트 직원 등 호텔 내 전 직종의 사람들을 거의 다 만난다고 해도 과언이 아닐 정도이다. 그리고 사람을 많이 만나다보니 정보도 빠르고, 인적 네트워크도 넓게 형성되어 있다.

층 지원자는 업무 중에 자주 층 심부름을 핑계로 쉬거나 업무 외의 일을 함으로써 정작 층 심부름이 필요할 때 층 심부름을 하지 못하는 일이 발생하기도 한다. 그 결과 신속하게 일을 처리하지 못하게 된다. 한 예로 필자와 함께 층 심부름을 나갔던 층 지원자는 일을 마치고 사무실로 돌아오는 길에 바지 다림질을 핑계로 락커실로 슬쩍 빠지더니 30분 정도가 지난 후 사무실로 돌아왔다. 이처럼 층 지원자는 층 심부름의 핵심이라고 할 수 있는 신속함이 요구됨에도 불구하고 신속하게 업무를 수행하지 않고 지연시킴으로써 제 역할을 제대로 하지 못하고 있다.

있으면 관리자의 눈치가 보이기 때문에 알아서들 자리를 비운다. 이 2시간 동안 오전조 층 지원자는 휴게실이나 다른 곳에서 쉬다가 퇴근할 시간쯤에 사무실로 와 퇴근한다. 심한 경우는 사무실에 들르지도 않고 휴게실에서 자다가 퇴근한다.

(2) 작업 계획 짜는 능력

층 지원 업무는 정해진 시간에 따라 할당된 어떤 일을 하는 게 아니라 주문이 있을 때마다 수행하면 되는 일이기 때문에 작업 계획이 필요하지 않은 일이다. 층 지원 업무에 있어 변수라고 할 수 있는 것은 고객 투숙률에 따른 업무량 변화다. 하루 중에도 고객들이 체크인하는 오후조가 바쁘고, 주중에는 고객들의 체크아웃이 많은 일요일과 월요일이 바쁘며, 일 년 중에는 성수기가 바쁜 때이다. 투숙률이 적을 때는 한가하다 못해 지루하고 무료하기까지 하다.

한 층 지원자는 지루함을 견디기 위해 업무시간 내내 B4 크기의 이면지를 4등분해서 메모지를 한가득 만들었다면서 자랑삼아 얘기하기도 했다. 그리고 또 다른 층 지원자는 너무 심심하다면서 시간 죽이기 차원에서 필자와 산학 실습생에게 3일 동안 1시간에서 1시간 반 동안 호텔 룸 쇼(room show, 객실을 보여주는 것)를 시켜주기도 했다.

일이 없을 때 층 지원자들은 근무 일지를 채우는 것이 고행이다. 한 일이 별로 없기 때문에 업무 일지를 채우기 위해 아주 사소한 것부터 시작해 이것 저것 빼지 않고 모두 기록한다. 양적으로 많은 일을 한 것처럼 보이기 위해 객실 금고 번호를 하나 하나 기록하는 것은 다반사이다. 이를 통해 층 지원자의 업무는 작업 계획을 짜는 능력이 필요한 것이 아니라 오히려 일이 없어 무료할 때 근무 일지를 채우는 능력이 필요하다는 것을 알 수 있다.

(3) 기억력

층 지원 업무는 많은 업무 지식을 요하는 일이 아니기 때문에 기억력이라고 하는 것이 일을 잘하는 데 필요한 요소가 아니다. 주문 전달자는 주문을 대개 쪽지에 적어서 주기 때문에 층 지원자는 딱히 층 심부름 할 객실 번호나 편의 용품의 품목과 수량을 기억하지 않아도 된다. 많은 기억력이 요구되는 일이 아님에도 불구하고 층 지원자는 그 역할 수행을 제대로 하지 않고 있다. 층 심부름 가운데 룸 메이드가 퇴근한 이후에 이뤄지는 업무는 객실 정비에 관한 최소한의 업무 지식을 필요로 한다. 그러나 층 지원자는 객실 정비와 린넨실에 대해 정확하게 알거나 기억하지 못함으로써 객실 정비팀을 제대로 지원하지 못하고 있다. 룸 메이드는 층 지원자가 야간 동안 해 놓은 일에 대해 상당한 불만을 표하고 있다. 보조 침대를 투입할 때 매트를 안 깐다든지, 고객이 양털 이불을 넣어달라고 하면 이불 커버를 제대로 입히지 않고 넣는다든지 하는 일이 비일비재하다. 또한 린넨실에 대해 잘 알지 못해 객실 편의 용품을 찾느라 여기저기 함부로 뒤져놓아 린넨실이 엉망인 적도 많다. 이는 어디까지나 지원의 역할로 굳이 많은 것을 알고, 기억할 필요가 없기 때문에 보이는 태도이다. 이를 통해 층 지원자는 많은 기억력이 요구되지 않는 일임에도 불구하고 이마저도 잘 수행하지 못하고 있음을 알 수 있다.

(4) 명령 수행 능력

층 지원자가 층 심부름을 하는 데 있어 신속함과 함께 요구되는 것이 명령 수행 능력으로 얼마나 명령을 잘 수행하느냐가 층 지원 업무의 관건이다. 그러나 실제로 평균 근속 10년 이상의 층 지원자들은 명령을 잘 수행하지 않는다. 주문을 주면 바로바로 실행해야 하는데 경력이 많아지면서 명령 수행 능력이 떨어지고 있다. 주문 전달실에서 같이 근무하고 있는 주문 전달자들은 일하는 어려움으로 층 지원자와의 갈등을 꼽는다. 층 지원자는 평균 30대 중후반의 남성들이고, 주문 전달자는 20대 중후반의 여성들이다 보니 직급이 높은 주문 전달자가 층 지원자에게 주문을 줘도 층 심부름이 제때 이뤄지지 않는다.[12] 층 지원자의 이러한 업무 태도는 주문 전달실 내 주문 전달자와 층 지원자 간의 긴장 관계를 만들어 내고 있다. 층 지원자 가운데도 주문 전달자보다 나이가 어리거나 한 경우에는 즉각적으로 명령을 수행한다. 그러나 층 지원자 경력자들은 주문 전달자에게 주문받는 것에 대한 불만을 표시한다든지, 자신의 편의에 따라 한꺼번에 모아서 층 심부름을 함으로써 객실 관리부서의 제 역할 수행을 지연시키고 있다. 오후조의 주문 전달자는 층 지원자들의 눈치가 보여 저녁 7시 이후로 한가해지면 자신이 직접 층 심부름을 뛰기도 한다. 이처럼 명령 수행 능력은 층 지원자들의 경력에 따라 차이를 보인다.

이러한 층 지원자 간의 경력에 따른 명령 수행 능력 차이는 층 지원자 간의 위계 관계에서 비롯된 것이다. 층 지원자들 사이에는 호텔 근속과 층 지원자 경력이라고 하는 것에 따라 선후배 간에 강한 위계가 형성되어 있다. 2인 1조로 이뤄지는 근무는 선배와 후배라는 위계를 만들어내 후배는 층 심부름을 비롯한 층 지원자 본

---

12) 주문 전달자(여성)와 층 지원자(남성) 간에는 학력과 직급상 차이가 나타난다. 현재 자격 조건에 따르면 주문 전달자는 4년제 대졸로 4급이고, 층 지원자는 전문대졸로 3급이다.

연의 일을 하고, 선배는 사무실에서 이뤄지는 지원 업무를 하면서 후배가 일을 잘하는지 통제한다. 선배는 후배를 믿고 근무 시간에 자주 자리를 비우고 업무 외의 '딴 짓'을 한다. 야간조의 선배는 새벽 1시부터 5시까지 후배에게 일을 맡기고 잠을 자는데다가 선배 중에는 전날 마신 술로 인해 근무 시간 내내 창고에서 잠을 자는 이들도 있다. 이처럼 선배들은 층 지원자 본연의 업무인 층 심부름을 기피하고 잘 하지 않는다. 그렇다고 해서 선배가 사무실에서 각종 지원 업무를 성실히 하는 것도 아니다. 주문 전달자 지원 업무를 거의 안 하는 것에서도 드러나듯이 선배 층 지원자는 층 심부름뿐만 아니라 지원 업무도 잘하지 않는다. 객실 관리부서 관리자, 주문 전달자, 객실 정비팀(룸 메이드, 점검원)은 "층 지원자는 빠릿빠릿하고 말 잘 듣는 젊은 사람들을 써야 한다."고 공공연하게 말할 정도이다. 이를 통해 층 지원 업무의 핵심인 명령 수행 능력이 오랜 근속과 경력에 따라 오히려 떨어지고 있음을 알 수 있다. 오랜 근속과 경험은 명령 수행 능력에 방해가 됨으로써 층 지원자의 숙련 형성을 어렵게 하고 있다.

층 지원자는 층 지원 업무를 하는 데 필요한 명령 수행 능력뿐만 아니라 조직적인 차원의 관리자로부터의 명령 수행 능력도 떨어진다. 앞에서도 언급했듯이 층 지원자는 업무시간 동안 상당히 자유롭고, 자유롭다 못해 업무와 상관없는 '딴 짓'을 많이 한다. 그럼에도 불구하고 관리자들은 층 지원자를 거의 통제하지 않는다. 그리고 실제로 통제를 한다고 해도 통제되지 않는다. 층 지원자의 통제 불능은 층 지원자들의 노조활동과 직접적인 연관이 있다. 층 지원자를 직속으로 관리하는 관리자(대리, 여성)가 있지만 층 지원자는 여성 대리의 말을 따르지 않는다. 한 예로 대리가 층 지원자에게 창고에 있는 리모컨 분류 작업을 시켰는데 몇 주가 지나도 하지 않아 재차 말하면서 기한까지 잡았고 그때서야 층 지원자가 일을 했던 경우가 있다. 그렇다고 해서 부장이 층 지원자를 통제하는 것도 아니다. 부장은 몇 년 전부터 층 지원자를 더 이상 통제하고 있지 않다. 층 지원자들은 적극적인 노조활동을 하고 있는 이들로 몇 년 전 부장이 너무 심하게 통제한다고 노동조합에 얘기를 했고 이후 부장은 노조 간부들과의 면담 후 층 지원자들 일에 거의 신경을 쓰지 않고 있다. 지금은 오히려 층 지원자들이 부장이 자신들에게 너무 무관심하다고 할 정도로 부장은 통제하지 않는다.

  층 지원자들은 근무 시간에 노조에 간다면서 다녀오는 등 노조활동에 열심이다. 이와 같은 층 지원자의 적극적인 노조 활동은 오랜 근속 기간에도 불구하고 승진이 안 되는 문제를 노조를 통해 해결하려고 하는 의지에서 비롯된 것으로 노조에서도 층 지원자의 승진 문제를 중요한 사안으로 다루고 있다. 연말 종무식 때 노조 대의원이 객실 관리부서에 와서 부장에게 승진에 인색하다며 내년에는 승진 좀 잘 시켜줬으면 한다는 말을 남기고 갔다. 게다가 층 지원자 중 노조활동에 적극적인 한 층 지원자는 상사들이 일은 안 하고 놀기만 한다고 노조 사무실에 얘기해 상사들이 노조간부와 일대일 면담을 하기도 했다.

  이처럼 층 지원자들은 적극적인 노조 활동을 토대로 조직 차원에서 전혀 통제의 대상이 되지 않고 있다. 이를 통해 층 지원자의 노조 활동은 노동자의 권익 향상이라는 긍정적인 효과도 있겠지만 오히려 남성 정규직의 이기적인 권익 향상에만 기여하는 곳으로 회사 내부적으로 조직의 통제 불능이라는 부정적인 영향을 끼치고 있음을 알 수 있다. 따라서 층 지원자는 노동조합이라고 하는 요인으로 인해 조직적인 차원의 명령 수행 능력이 떨어지고 있다.

지금까지 살펴본 것처럼 층 지원자의 명령 수행 능력은 오랜 근속과 경력에 따라 증가하는 것이 아니라 오히려 저하되고 있다. 이러한 명령 수행 능력 저하는 층 지원자의 경험(경력)이라고 하는 것이 숙련 형성으로 이어지는 것이 아니라 태업으로 이어짐으로써 오히려 생산성을 저하시키는 방향으로 나타나고 있음을 보여준다.

2) 대인 서비스를 하는 데 필요한 요소

층 지원자는 층 심부름을 하면서 고객을 직접 접촉하는 대인 서비스를 한다. 대인 서비스를 잘하기 위해서는 ① 어학, ② 감정 관리 능력이 필요하다. 층 지원자의 숙련 요소는 아니지만 룸 메이드와의 숙련 비교를 위해 층 지원 업무를 하는데 ③ 고객 정보 처리 능력이 얼마나 요구되는지도 함께 살펴본다.

(1) 고객 정보 처리 능력

층 지원자가 고객과 직접 접촉하는 것은 고객의 요청에 따른 층 심부름을 할 때이다. 층 심부름은 고객이 필요로 하는 각종 편의 용품을 가져다주는 것으로 군이 고객의 정보를 알고, 수집할 필요가 없다. 고객에 대한 정보는 고객을 접할 때 간단한 어학이 필요하기 때문에 일본어를 사용하는지, 영어를 사용하는지 정도로만 알면 된다. 층 지원자에게 고객에 대한 정보처리는 별로 필요하지 않는 능력이다.

(2) 감정 관리 능력

층 지원자의 층 심부름은 고객의 요청에 따라 필요로 하는 편의
용품을 가져다주는 것이기 때문에 고객과의 접촉은 객실 입구에서
짧게 이뤄지는 게 대부분이다. 요청한 물건을 고객에게 건네주는
짧은 시간동안 고객을 위해 친절한 태도를 보이는 정도 이상의 노
력은 필요하지 않다. 따라서 고객과의 짧은 접촉을 통해서 발생할
수 있는 변수가 거의 없는 만큼 층 지원자들의 감정 관리 능력 또
한 별로 필요하지 않다고 할 수 있다.

(3) 어학 능력

고객과 직접 접하는 층 지원자에게 어학은 필수다. 그러나 층 심
부름이 고객의 요청에 따른 것이기 때문에 인사와 '여기 있습니다.'
라는 정도의 간단한 의사소통 수준의 어학 능력이 필요하다. 오히
려 층 지원자는 고객을 접하는 층 심부름을 통해서보다는 주문 전
달자를 지원하는 과정에서 그보다 좀 더 높은 수준의 어학을 필요
로 한다. 주문 전달실의 고객 전화는 주로 주문 전달자가 받지만
바쁜 경우나 주문 전달자가 자리를 비운 사이에는 층 지원자가 대
신한다. 그러다보니 고객이 필요로 하는 것이 무엇인지를 알아듣는
정도의 어학 능력이 요구된다.

주문 전달실에서 필요한 어학 수준은 객실 관련 용어를 알고 세
탁물이나 객실 정비와 관련한 문의에 답할 수 있는 정도면 된다.

고객들의 전화는 대개 객실 내 전화기의 '0'번을 눌러 교환실을 거쳐 오는 것으로 고객은 객실 관리부서에서 무엇을 담당하는지를 알고 아주 간략하게 객실 번호를 말하고 필요한 것을 요청한다. 그러다보니 주문 전달실에서 이뤄지는 고객과의 통화도 아주 간단하게 이뤄진다.

층 지원자의 통화내용을 보면 "하이, 클리니데스(청소)? 와까리마시따(알겠습니다)"나 "하이, 하이, 가시코마리 마시다(그렇게 해드리겠습니다)"가 대부분이다. 이처럼 고객과의 간단한 통화에서 층 지원자는 인사를 하고, 알았다는 표시를 하고, 그렇게 하겠다는 정도의 표현을 하면 된다. 이처럼 주문 전달자를 지원하는 차원의 어학은 고객들로부터 오는 간단한 객실 관리부서 관련 전화를 받는 것으로 높은 수준의 의사소통 능력이 요구되지 않는 것이다.

실제로도 층 지원자는 그렇게 높은 어학 수준을 가지고 있지 않다. 4년 경력의 층 지원자는 일본 고객이 포스터를 두고 갔다는 전화를 받았는데 정확하게 알아듣지 못해 대략 포스터가 아닐까라고 추측하다가 객실에 올라가서 포스터를 발견하고 포스터임을 확인했다.

객실 부문의 정규직인 층 지원자는 호텔에서 어학의 필요성을 강조하고, 무료 어학 강좌가 항시적으로 열려있고, 정기적인 시험(4번/1년)까지 봄에도 불구하고 어학 공부를 하지 않는다. 오히려 다양한 커닝(부정행위) 방식을 습득함으로써 어학 시험에 어떻게 대처해야 하는지에 대한 많은 정보를 가지고 있다. 층 지원자의 어학에 대한 이러한 태도는 층 지원 업무를 하는 데 있어서 간단한 의사소통 이상의 어학이 요구되지 않기 때문에 가능한 것이기도 하다. 따라서 층 지원자에게 필요한 어학 능력은 아주 간단한, 의사소통이 가능한 정도임을 알 수 있다.

4. 정규직은 편하고 쉬운, 대체성이 높은 일로 오랜 경험이 오히려 숙련 형성을 저해

지금까지 ① 교육 훈련, ② 업무 지식(교육 훈련 지식, 작업 지식), ③ 신속함, ④ 작업 계획 짜는 능력, ⑤ 기억력, ⑥ 명령 수행 능력, ⑦ 고객 정보 처리 능력, ⑧ 감정 관리 능력, ⑨ 어학 능력을 가지고 정규직 층 지원자의 숙련 수준을 살펴보았다.

가장 먼저 교육 훈련과 업무 지식을 통해 층 지원자 업무를 하는 데 기본적으로 필요한 지식들이 어떤 것들인지를 살펴보았다. 층 지원자는 정해진 교육 훈련 과정 없이 선배로부터 업무를 배우는데 선배는 후배를 한두 번 데리고 다니면서 일을 가르쳐주는 것으로 교육 훈련을 마친다. 이처럼 정해진 교육 훈련 과정이 없다는 것은 그만큼 층 지원 업무가 오랜 숙련 형성이 필요하지 않은 일로 업무 지식이 많지 않음을 의미한다. 업무 지식은 교육 훈련 지식과 작업 지식으로 구성되는데 층 지원자의 교육 훈련 지식은 ① 작업장에 대한 지식, ② 층 지원 지식(층 심부름 지식, 객실 관리부서 지원 지식), ③ 객실 관련 용어 지식, ④ 컴퓨터 활용 지식이 있다. 층 지원자는 각 층의 객실이 작업장이기는 하지만 룸 메이드처럼 주요한 작업장이 아니라 층 심부름을 하기 위해 잠깐 들르는 곳으로 각 층과 객실에 대한 지식이 많이 필요하지 않다. 그리고 층 지원 지식은 층 심부름과 객실 관리부서 지원에 관한 것으로 층 심부름 자체가 적은 지식을 요하는데다가 객실 관리부서 지원은 보조적인 것으로 적은 지식만으로도 충분히 가능하다. 객실 용어에 대해서도 층 지원자는 룸 메이드처럼 객실 용어에 대해 상세하게 알고 있을 필요 없이 층 심부름을 하는 데 있어 무리가 없는 정도로만 대략적으로 알면 된다. 룸 메이드에게 업무상 반드시 필요한 컴퓨터 활용 지식은 층 지원자에게는 본연의 업무인 층 심부름과 직접적인 연관이 없는 것으로 주문 전달자를 보조하는 차원에서 약간의 프로그램 활용 지식을 가지고 있을 뿐이다. 층 지원자는 적은 교육 훈련 지식을 가진 일이지만 경험에 따라 증가하는 각종 지식, 즉 작업 지식이 있고 이는 자신의 일에 대한 통제력을 높일 수 있다. 그러나 층 지원자에게 오랜 경험은 오히려 숙련 형성을 어렵게 하고 있다. 경력이 증가함에 따라 층 지원 업무에 소극적인 태도를 보임으로써 오랜 경험이라고 하는 것이 노하우나 통제력을 높이는 방향이 아니라 오히려 층 지원 업무를 하는 데 방해가 되고 있다.

층 지원자의 직무 특성에 따라 추출한 7가지 요소를 가지고 숙련 수준을 살펴보면 다음과 같다. 숙련 요소는 크게 층 심부름을 신속하게 잘 수행하는 데 필요한 숙련 요소와 대인 서비스를 잘하는 데 필요한 숙련 요소로 나뉜다.

층 심부름을 잘하기 위해서는 얼마나 신속하게 명령을 잘 수행하느냐가 중요하므로 ① 신속함, ② 명령 수행 능력이 필요하다. 층 지원자에게 가장 필요한 능력은 최대한 신속하게 층 심부름을 해내는 것이다. 그러나 층 지원자는 층 심부름을 하는 데 있어 신속하게 움직이지 않는다. 대부분 자신의 편의에 따라 한꺼번에 모아서 층 심부름을 한다. 신속함과 함께 요구되는 명령 수행 능력은 얼마나 명령을 잘 수행하느냐로 층 지원 업무의 관건이다. 그러나 실제로 평균 근속 10년 이상의 층 지원자들은 명령을 잘 수행하지 않는다. 주문을 주면 바로바로 실행해야 하는데 경력이 많아지면서 명령 수행 능력이 떨어지고 있다. 층 지원자의 명령 수행 능력은 오랜 근속과 경력에 따라 증가하는 것이 아니라 오히려 저하되고 있다.

층 지원자의 숙련 요소는 아니지만 룸 메이드와의 숙련 비교를 위해 층 지원 업무를 하는 데 ③ 작업 계획 짜는 능력, ④ 기억력이 얼마나 요구되는지도 함께 살펴 본 결과 이 2가지는 층 지원자에게는 별로 필요하지 않은 요소였다. 층 지원 업무는 정해진 시간에 따라 할당된 어떤 일을 하는 게 아니라 주문이 있을 때마다 수행하면 되는 일이기 때문에 작업 계획이 필요하지 않은 일로 오히려 일이 없어 무료한 때 근무 일지를 채우는 능력이 필요하다. 게다가 층 지원 업무는 많은 업무 지식을 요하는 일이 아니기 때문에 기억력이라고 하는 것이 일을 잘하는 데 필요한 요소가 아니다.

대인 서비스를 잘하기 위해서는 ① 감정 관리 능력, ② 어학 능력이 필요하다. 고객의 요청에 따른 층 심부름이라는 성격상 고객과의 접촉은 객실 입구에서 짧게 이뤄지는 게 대부분이다. 이는 고객이 요청한 물품을 건네는 짧은 시간동안 고객을 위해 친절한 태도를 보이는 정도 이상의 감정 관리 능력이 요구되지 않는다는 것을 의미한다. 고객과 직접 접하는 층 지원자에게 어학은 필수이지만 층 심부름이 고객의 요청에 따른 것이기 때문에 간단한 의사소통 수준의 어학만이 필요하다. 층 지원자의 숙련 요소는 아니지만 룸 메이드와의 숙련 비교를 위해 층 지원 업무를 하는데 ③ 고객 정보 처리 능력이 얼마나 요구되는지도 함께 살펴보았다. 층 지원자가 고객과 직접 접촉하는 것은 고객의 요청에 따른 층 심부름을 할 때로 층 지원자에게 고객에 대한 정보 처리는 별로 필요하지 않는 능력이다.

따라서 층 지원자는 9가지 숙련 요소 가운데 7가지의 숙련 요소만을 필요로 하고 있고, 그 7가지의 숙련 요소도 높은 숙련을 요구하는 것이 아닌 것으로 쉽고 편한, 높은 대체성을 띤 업무라는 것을 알 수 있다. 그리고 층 지원자의 경험(경력)이라고 하는 것이 숙련 형성으로 이어지는 것이 아니라 성실성 저하로 이어짐으로써 오히려 생산성을 저해하는 방향으로 나타나고 있음을 알 수 있다.

제10장
비정규직에 대한 통념, 여성 노동에 대한 성차별 정당화·비가시화

비정규직과 정규직의 숙련 비교

7, 8, 9장에서는 고용 형태에 따른 여성 노동에 대한 차별과 평가 절하를 문제 제기하기 위해 '비정규직은 단순·비숙련하다'는 우리 사회 통념이 타당한지 여부를 비정규직 여성 직무와 정규직 남성 직무의 숙련 수준 비교 분석을 통해 드러냈다. 비정규직/정규직 간의 숙련 수준을 비교하기 위해 일반적 숙련 구성 요소(2가지)와 각각의 직무 특성에 따른 숙련 구성 요소(7가지)를 추출해낸 후 이 9가지 숙련 요소들을 중심으로 비정규직 룸 메이드와 정규직 층 지원자의 숙련 수준을 자세하게 살펴보았다. 그렇다면 비정규직과 정규직의 숙련 수준을 <표-12>를 통해 좀 더 간략하게 살펴볼까 한다.

〈표-12〉 비정규직(룸 메이드)과 정규직(층 지원자)의 숙련 요소별 비교

숙련 요소			룸 메이드	층 지원자
			객실 정비	층 심부름, 각종 지원
교육 훈련 기간			공식적으로 객실 정비 교육 자료, 일정한 교육 기간(1달 반), 교육 절차, 교육 방법이 있음. 지속적인 교육 훈련이 필요한 일. 이를 입증하듯 호텔 층에 따른 인력 배치에 차이를 둠.	공식적인 교육과 교육 기간 없이 비공식적으로 선배로부터 교육받음. 선배를 몇 번 따라다니면서 보고 배우는 것으로 교육 훈련 마침.
업무 지식	교육 훈련 지식	작업장에 대한 지식	객실과 각 층 현황(호텔에서 객실에 대해 가장 많이 알고 있어야 함), 각 층의 객실 상태, 린넨실에 대한 지식.	객실과 각 층 현황(층 심부름을 위해 잠깐 들르는 장소로 층 심부름하기에 무리가 없는 정도의 지식 필요), 객실 관리 사무실의 창고에 대한 지식.
		해당 업무 지식	많고 복잡한 객실 정비 지식(작업 도구, 객실 정비 절차와 방법).	적고 간단한 층 지원 지식(층 심부름 지식, 객실 관리부서 지원 지식).
		객실 관련 용어에 대한 지식	객실 용어, 객실 상태 관련 용어(상세한 지식 필요), 객실 편의 시설과 객실 용품에 대한 명칭에 대한 지식.	객실 용어, 객실 상태 관련 용어와 각종 객실 편의 용품 명칭(층 심부름하는 데 무리가 없는 정도의 지식 필요).
		컴퓨터 활용 지식	업무와 직접적인 연관이 있는 8가지 정도의 프런트 프로그램을 활용(공식적인 교육을 받은 이후 선배로부터 전수받음).	층 심부름과 직접적 연관 없음. 주문 전달자를 지원할 때 필요함. 아주 간단한 것 정도를 함. 공식적인 교육을 받은 적이 없이 주문 전달자가 하는 것을 옆에서 보고 배움.

	작업 지식	객실이라는 작업 환경에 대한 이해를 전제로 한 높은 객실 통제력, 오랜 객실 정비 경험을 통해 터득한 각종 지식과 노하우.	쉬운 일, 대체성이 높은 일, 오랜 경험이 오히려 각종 지식과 노하우 축적을 방해함.
	신속함	객실 정비시간을 최소화하기 위해 필요한 능력. 재실은 20분, 체크아웃 객실은 40분 안에 해야 함. 상황에 따라 40분 걸리는 객실을 2~30분 만에 해내야 함.	층 심부름은 최대한 신속하게 수행해야 함. 그러나 자신의 편의에 따라 한꺼번에 모아서 하거나 자리를 자주 비워서 신속하게 이뤄지지 못함.
	작업 계획 짜는 능력	12개 객실을 주어진 시간 내에 해내기 위해 필수적인 능력. 작업 계획은 객실 상황 파악, 객실 정비 시의 각종 변수, 객실 정비 외의 부수적인 업무에 따른 것, 장기적인 객실 정비 계획에 대한 것 등을 모두 고려해가면서 끊임없이 수정하고 재조정해야 함.	정해진 시간에 따라 할당된 어떤 일을 하는 게 아니라 주문이 있을 때마다 수행하면 되기 때문에 작업 계획이 필요하지 않은 일. 오히려 무료한 때 근무 일지를 채우는 능력이 필요함.
	기억력	객실 정비 지식이 많은데다가 이것들을 최대한 한꺼번에 기억해서 해내는 고도의 기억력이 요구됨. 한 예로 객실에 비치되어 있는 객실 편의 용품의 규정된 수량, 규정된 위치, 정렬법 등을 모두 기억해야 함. 그 외에도 고객의 특성에 따라 달라지는 객실 정비 시의 변동 사항들도 기억해야 함.	층 지원 업무는 많은 업무 지식을 요하는 일이 아니기 때문에 기억력이라고 하는 것이 일을 하는데 필요한 요소가 아님.

명령 수행 능력	프런트와 고객으로부터 주문을 받아 즉각 수행해야 함.	층 지원자가 층 심부름하는 데 신속함과 함께 높이 요구되는 능력. 그러나 주문 전달자의 주문을 즉각 수행하지 않음으로써 명령 수행 능력 떨어짐. 뿐만 아니라 조직적인 차원에서도 관리자의 명령을 잘 듣지 않음. 층 지원자는 오히려 오랜 근속과 경력에 따라 명령 수행 능력이 떨어짐.
고객 정보 처리 능력	객실을 정비하는 과정에서 고객의 동태는 중요한 변수로 작용하기 때문에 많은 관심을 기울이고 관찰함. 호텔에서 룸메이드만큼 고객 상황과 동태를 잘 알고 있는 이들이 없음. 고객에 대한 많은 정보 수집을 호텔에서도 권하고 있음.	층 심부름은 고객이 필요로 하는 편의 용품을 가져다주는 것으로 굳이 고객 정보를 알고, 수집할 필요 없음.
감정 관리 능력	고객과 빈번하게 접촉하는 작업 환경에서 일하면서 고객 서비스 차원에서 고객 만족을 위해 자신의 감정을 통제함.	고객이 요청한 편의 용품을 고객에게 건네주는 짧은 시간 동안 고객을 위해 친절한 태도를 보이는 정도 이상의 노력이 필요하지 않음.
어학 능력	고객과 1:1로 접촉하면서 고객의 다양한 요구를 해결하는 과정에서 반드시 필요함. 단순한 인사나 간단한 몇 마디 이상으로 충분한 의사소통이 가능한 정도로 필요함.	층 심부름을 할 때 객실 편의 용품을 고객에게 건네 줄 때 간단한 의사소통 수준의 어학이 필요함. 주문 전달자를 지원하기 위해서는 고객이 필요로 하는 것이 무엇인지를 알아듣는 정도의 어학이 요구됨.

일정한 생산성에 달하는 데 걸리는 근무기간	초보자는 객실 하나당 2시간에서 2시간 30분이 걸림. 경력자는 40분 내에 모든 것을 해냄. 자기 몫의 객실 정비를 해내는데 최소 3개월에서 6개월이 걸림.	일주일 정도면 충분히 충심부름을 해냄. 층 심부름을 하는데 있어 경험에 따른 큰 차이가 없음. 오히려 경력이 얼마 안 된 사람이 일을 더 잘함.

위의 표를 통해서도 잘 드러나듯이 룸 메이드는 층 지원자보다 더 높은 숙련을 보이고 있다. 이는 룸 메이드가 층 지원자보다 교육 훈련 기간도 길고, 더 많은 업무 지식을 필요로 할 뿐 아니라 직무 특성에 따른 7가지 숙련 요소 비교에서도 각 요소 항목마다 더 높은 능력을 보이는 데서 잘 드러난다. 룸 메이드와 달리 층 지원자는 그나마 요구되는 신속함이나 명령 수행 능력과 같은 숙련 요소 항목에서 성실하게 일을 수행하지 않음으로써 오히려 층 지원 업무의 생산성을 위협하고 있는 상황이다.

비정규직 룸 메이드가 정규직 층 지원자보다 더 높은 숙련 수준을 보인다는 것은 비정규직은 단순·비숙련하다는 통념과 반대되는 결과이다. 이러한 결과는 비정규직이 가지는 2가지 특성을 잘 보여주고 있다.

첫째, 비정규직이 정규직보다 더 높은 숙련을 보인다는 것은 비정규직은 단순·비숙련하다는 통념이 타당하지 않음을 보여준다. 이러한 통념은 비정규직 사용을 정당화하기 위한 논리에 불과한 것으로 한국 사회 비정규직은 단순·비숙련 업무에 한해서 나타나는 것이 아니라 명목적으로 나타나고 있음을 알 수 있다.

둘째, 같은 작업장의 여성 비정규직이 남성 정규직보다 더 숙련하다는 것은 비정규직화가 여성 직종에 한해 성차별적으로 나타났음을 보여준다.

이 2가지 비정규직의 특성을 종합하면 다음과 같다. 한국 사회 비정규직은 단순·비숙련하다는 통념을 생산하면서 여성 직종을 중심으로 성차별적으로 이뤄져왔다는 것이다. 비정규직에 대한 통념은 여성 노동에 대한 차별을 단순·비숙련 업무에 대한 고용 형태에 따른 차별이라고 정당화함으로써 비정규직의 성차별을 비가시화시키는 기제로 작동해왔다. 이러한 기제 즉 비정규직에 대한 통념이 여성 노동력에 대한 가치 평가 절하와 여성 노동에 대한 성차별을 가능하게 했던 것이다. 이와 같은 비정규직의 특징은 '비정규직=단순·비숙련=여성 노동'이라는 도식을 만들어냄으로써 여성 노동은 단순하다고 간주되면서 비정규직화되고, 비정규직화된 여성 노동은 단순하기 때문에 평가 절하되는 순환구조를 생산해내고 있다. 이로 인해 여성 노동자는 임금을 비롯한 각종 차별을 감수해야 하고 다시 비정규직의 주요한 대상이 되는 악순환이 지속되어 온 것이다.

비정규직에 대한 통념, 여성 노동에 대한 성차별 정당화·비가시화

지금까지 고용 형태에 따른 여성 노동에 대한 차별과 평가 절하를 문제 제기하기 위해서는 '비정규직=단순·비숙련'이라고 하는 우리 사회 통념이 실제로 타당한지 여부를 살펴보았다. 호텔 사례를 통해서 한국 사회에서 나타나고 있는 비정규직화의 현황을 살펴보고 비정규직에 대한 통념처럼 여성 비정규직이 단순·비숙련한지를 보았다. 그 결과는 다음과 같다.

첫째, 호텔 산업의 아웃소싱 추세는 아웃소싱 전략에 따라 합리적으로 이뤄진 것이 아니라 사회에서 단순 업무라고 간주된 직종을 주요 대상으로 한 것이었다. 그리고 이러한 추세 속에서 A호텔 역시 객실 관리부서의 관리자와 몇 개 직종을 빼고 모두 아웃소싱했는데 A호텔의 아웃소싱 과정은 성별 분업이 뚜렷한 작업장에서 여성 직종에 한해 비정규직화되는 성별화된 유연화 과정이었다.

둘째, 호텔 산업의 아웃소싱(비정규직) 대상 선정의 타당성을 보기 위해 A호텔이 아웃소싱 전략대로 핵심/주변 업무를 제대로 선정해 아웃소싱했는지를 살펴보았다. 그 결과 호텔의 아웃소싱은 아웃소싱 전략에 따라 대상 선정이 이뤄진 것이 아니라 기존의 주변 노동자를 대상으로 '관행'에 따라 이뤄진 것이었다. 이 '관행'이라 함은 우리 사회 여성 노동에 대한 낮은 평가가 팽배한 가운데 여성 직종인 객실 정비팀이 단순 업무로 간주되어 비정규직화된 것을 의미한다.

셋째, 고용 형태에 따른 여성 노동에 대한 차별과 평가 절하의 관련성을 살펴보기 위해 A호텔의 비정규직화된 여성 직종이 비정규직에 대한 통념처럼 정말로 단순·비숙련 업무인지를 살펴보았다. 여성 비정규직과 남성 정규직의 숙련 수준을 비교하기 위해 비정규직 룸 메이드와 정규직 층 지원자의 숙련을 비교 분석했다. 그 결과 비정규직 룸 메이드가 정규직 층 지원자보다 더 높은 숙련 수준을 보였다. 이는 비정규직은 단순·비숙련하다는 통념에 반대되는 결과로 한국 사회 비정규직이 단순·비숙련하다는 통념을 생산하면서 여성 직종을 중심으로 성차별적으로 이뤄져왔다는 것을 잘 보여준다.

이러한 결과를 통해 여성 비정규직은 실제로 단순·비숙련해서 아웃소싱된 것이 아니라 여성 직종에 대한 고정관념에 따라 단순·비숙련하다고 간주되어 아웃소싱되었다는 것을 알 수 있다. 이처럼 비정규직은 단순·비숙련하다는 통념을 생산하면서 여성 직종을 중심으로 비정규직화하는 것은 여성에 대한 체계적이고 구조적인 차별이라고 할 수 있다.

비정규직에 대한 통념은 여성 노동에 대한 차별을 단순·비숙련 업무에 대한 고용 형태에 따른 차별이라고 정당화함으로써 비정규직의 성차별을 비가시화시키는 기제로 작동해왔다. 이러한 기제 즉 비정규직에 대한 통념이 지금까지 여성 노동력에 대한 가치 평가 절하와 함께 여성 노동에 대한 성차별을 가능하게 해온 것이다. 비정규직에 대한 통념은 비정규직화된 여성 노동이 단순·비숙련하다는 고정관념을 한층 더 강화하면서 여성 노동에 대한 부정적인 영향을 끼침으로써 다시 여성이 비정규직의 주요 대상이 되는 악순환을 형성하고 있다.

지금까지 살펴본 것처럼 비정규직이라는 고용 형태가 그 일에 대한 인정, 숙련 정도, 전문성과 밀접하게 연관되어 있다. 그 결과 비정규직에 대한 가치 평가 절하는 높은 비정규직 비율을 보이는 여성 노동에 부정적인 영향을 끼치고 있다. 여성 노동에 대한 평가 절하와 함께 비정규직 여성에 대한 각종 편견과 차별은 비정규직에 대한 차별이라는 외피를 씀으로써 성차별을 비가시화시키고 희석시키는 기제로 작동하고 있다. 이러한 비정규직의 여성 노동에 대한 차별 비가시화 기제는 결국 각각의 차별에 대해 명확하게 성차별이라고 문제 제기하고 그에 대해 대처하기 어렵게 함으로써 여성 노동에 대한 차별을 온존, 유지시키고 있다.

이 책의 목적은 비정규직에 대한 차별이 단지 비정규직이라는 고용 형태에 따른 차별이 아니라 여성 노동에 대한 성차별임을 드러냄으로써 비정규직 문제에 있어 여남이 함께 겪는 동일한 문제만이 아닌 여성차별의 문제로 접근하게 하는 것이다. 그리고 비정규직을 성차별의 문제로 접근함으로써 고용 형태에 따른 차별로 정당화되고 있는 임금 차별을 비롯한 각종 편견과 차별에 대해 좀 더 적극적으로 문제를 제기하고 다양한 대처 전략들을 세울 수 있도록 하는 것이다.

그렇다면 여성 비정규직에 대한 차별에 대해 왜 차별이고 문제인지를 어떻게 설명할 것인가의 문제가 남는다. 이것이 가능하기 위해서는 고용 형태에 따른 성차별 문제 해결을 위해 전제되어야 할 것이 있다. 바로 여성주의적 직무 평가와 간접 차별이 그것으로 이 2가지는 여성 비정규직 문제뿐만 아니라 각종 여성 노동 문제 해결의 전제가 되는 것이기도 하다. 비정규직이라는 고용 형태에 따른 성차별 문제를 해결하기 위해 왜 이 2가지가 전제되어야 하는지 설명하는 것으로 이 책을 마무리하고자 한다.

첫째, 여성을 주요 대상으로 한 비정규직화를 막기 위해 여성주의적 직무 평가가 이뤄져야 한다. 기업은 비정규직 대상을 선정하는 데 있어 기존의 '관행'에 따라서 할 것이 아니라 직무 평가를 통해 대상을 선정하고, 그 직무 평가 틀은 여성들의 숙련 등을 비가시화시키는 기존의 남성 중심적 틀이 아닌 여성주의적 직무 평가 틀이어야 한다(정경아, 2000). 기업이 아무리 객관적 기준을 마련한다고 하더라도 여성 노동의 숙련 등이 배제된 채로 이뤄지는 직무 평가에 따른 비정규직화는 지금처럼 여성 노동의 비정규직화로 이어질 것이다.

둘째, 고용 형태에 따른 차별을 규제하기 위해 간접 차별의 실효성이 제고되어야 한다. 비정규직에 대한 통념을 생산하면서 여성 직종을 중심으로 비정규직화한다는 것은 비정규직화 과정이 성차별적으로 이뤄질 뿐 아니라 비정규직이 되고 나서 받게 되는 임금을 비롯한 각종 차별도 성차별에 해당한다는 것이다. 그러나 이러한 일련의 성차별에 대해 문제를 제기하기란 쉽지 않다. 비정규직이 고용 형태에 따른 여성에 대한 간접 차별임에도 불구하고 규제되지 못하는 데는 간접 차별의 법적 실효성이 미비하기 때문이다. 따라서 비정규직의 성차별을 규제할 수 있도록 간접 차별의 실효성이 제고되어야 한다. 간접 차별의 실효성을 제고하기 위해서는 구체적인 차별 판단 지침이 마련되고 차별 지침에 따른 법 집행이 가능하도록 차별을 판단하고 조사할 수 있는 기구를 비롯한 기초적인 조건들이 마련되어야 할 것이다.[1]

---

1) 「간접 차별 판단 기준을 위한 연구」(조순경 외, 2002)를 통해 간접 차별의 실효성을 제고할 수 있는 자세한 기준들을 볼 수 있다.

참고문헌

강상묵 · 김경환(2003), 「호텔 산업의 아웃소싱 핵심 성공 요인: 사례 연구」, 『관광학 연구』 제26권 제4호.

강신준(1998), 『노동의 임금 교섭』, 서울: 이론과 실천.

국미애(2003), 「직장 내 성희롱 규제의 실효성 제고를 위한 사용자 책임 강화 방안」, 이화여자대학교 석사학위논문(미간행).

권혜자 · 김양지영 · 손영주 외(2004), 『여성 비정규직의 차별 실태와 법 제도 개선 과제』, 국회 여성위원회.

금재호(2001), 「노동 시장 이중 구조와 성차별: 직종 분리를 중심으로」, 제3회 한국노동패널 학술 대회 자료집.

김대일(2002), 「비정규직 확산의 메카니즘: 인력 관리론과 비용 절감의 비교」, 2002년 경제학 공동 학술 세미나 자료.

김동배 · 김주일(2002), 「비정규직 활용의 영향 요인」, 『노동 정책 연구』 제2권 제4호.

김동배 · 김주일 · 배규식 · 김정우(2004), 『고용 유연화와 인적 자원 관리 과제』, 한국노동연구원.

김미주(1988), 「노동 과정을 통해 본 성별 임금 격차 요인에 관한 사례 연구-섬유 제조업에서의 숙련 수준 분석을 중심으로」, 이화여자대학교 대학원 석사학위논문(미간행).

김민주(1998), 「호텔 종업원의 감정 노동이 직무 관련 태도에 미치는 영향」, 『관광학 연구』 제21권 제2호.

김석주(2003), 「호텔의 아웃소싱 성과에 영향을 미치는 요인-서울시 특1급 호텔의 비재무적 성과를 중심으로」, 세종대학교 관광대학원 석사학위논문(미간행).

김양지영(2008), 「성희롱 사각 지대에 있는 돌봄 여성 노동자의 성희롱 실태증가」, 한국여성노동자회 '증가하는 돌봄 일자리, 은폐되는 성희롱' 토론회 자료집.

김영수(1999), 『핵심 기능만 빼고 전부 아웃소싱하라』, 삼성경제연구소.

김영준·민덕기·김영한(2000), 『최신 호텔 현관·객실 실무론』, 서울: 대왕사.

김유선(2010), 『비정규직 규모와 실태-통계청, '경제활동인구조사 부가 조사'(2010. 8) 결과』, 한국노동사회연구소.

김장호(2003), 『노동 시장의 유연화: 현황 쟁점 과제』, 전경련 조사 연구 자료.

김주일(2003), 「비정규직 근로의 인사 노무 관리」, 『임금 연구』 여름호.

김태홍(2000), 『여성 고용 구조의 변화와 향후 정책 방향』, 한국여성개발원.

남성일(2004), 『고용 형태별 근로 현황 및 대응 기조 실태 조사』, 전국경제인연합회 조사 연구 자료.

남재량·김태기(2000), 「비정규직, 가교인가 함정인가?」, 『노동 경제 논집』, 제23권 2호.

산업안전보건연구원(2003), 『여성 근로자 보건 관리 지침 개발(2차년도)-여성 근로자의 건강 장해 요인과 영향 분석』, 연구 보고서.

송호근(2000), 『21세기 한국의 고용 구조 변화와 비정규 근로자 대책-노동 시장 유연성을 위한 인식 전환과 정부 기업이 역할』, 전경련 조사 연구 보고서.

박기성(1992), 『한국의 숙련 형성』, 한국노동연구원.

박홍주(1995), 「판매 여직원의 감정 노동에 관한 일 연구-서울 시내 백화점 사례를 중심으로」, 이화여자대학교 대학원 석사학위논문(미간행).

발렌 외(2004), 김근종(역), 『호텔 경영의 바이블 Check-in check-out』, 서울: 한언(Vallen, Jerome J. and Vallen, Gary K., *Check-in check-out*, Pearson Prentice Hall).

배진한(2001), 「비정형 근로자의 활용 실태와 수요 증가의 원인-사업체 조사를 중심으로」, 『노동 경제 논집』 제24권 2호.

안옥모(1979), 「효율적인 호텔 객실 관리를 위한 객실 종사원(메이드)의 훈련 계획」, 『관광학』 3호.

안주엽(2001), 「정규 근로와 비정규 근로의 임금 격차」, 『노동 경제 논집』 제24권 1호.

어수봉(1991), 『노동 시장 변화와 정책 과제－80년대 취업 구조 및 고용 형태의 변화를 중심으로』, 한국노동연구원.

_____(1994), 『한국의 실업 구조와 신인력 정책』, 한국노동연구원.

_____(1997), 「노동 시장 유연화를 위한 정책 과제」, 『노동 경제 논집』 제20권 2호.

윤여송(2002), 「호텔 기업의 아웃소싱 전략 연구」, 경기대학교 대학원 박사학위논문(미간행).

월간 호텔·레스토랑 스페셜 리포트 팀(2004), 「1997년부터 2003년까지 한국 호텔 수익성에 대한 분석」, 『월간 Hotel & Restaurant』 9월호.

이종진(2002), 「"파이를 키워라" 영세한 호텔 아웃소싱 전문화 시급」, 『월간 Hotel & Restaurant』 9월호.

장계화(1984), 「호텔 여성 근로자의 직업 의식과 근로 실태 연구－서울 지역의 10개 호텔을 중심으로」, 경희대학교 경영대학원 석사학위논문(미간행).

장지연(2001), 「비정규직 노동의 실태와 쟁점－성별 차이를 중심으로」, 『경제와 사회』 통권 51호.

전명숙(2000), 「노동 시장 유연화 명제에 대한 여성주의적 비판」, 『노동과 페미니즘』, 서울: 이화여자대학교 출판부.

전근하(2004), 「노동 시장의 학력 과잉과 고학력화 현상」, 『한국의 고용 구조』, 서울: 중앙고용정보원.

정경아(2000), 「여성주의적 직무 평가를 위한 연구－청소원과 경비원의 직무 비교를 중심으로」, 이화여자대학교 석사학위논문(미간행).

정종훈·한진수(2003), 『호텔 프런트 & 객실 관리론』, 서울: 현학사.

조민호(1998), 「호텔 산업의 비호의적 근무 환경 성희롱에 관한 연구」, 『관광학 연구』 제22권 제1호.

_____(1999), 「호텔 종사원의 관점에서 본 고객 만족과 인적 요인에 관한

　　　연구」, 『호텔 경영학 연구』 제8권 2호.

조순경(1996), 「신인력 정책과 여성 노동」, 『산업 노동 연구』 제2권 제2호.

_____(1997), 「파견 근로의 신화와 현실」, 『산업 노동 연구』 제3권 제1호.

_____(1998), 「경제 위기와 여성 고용 정치」, 『한국 여성학』 제14권 2호.

_____(2000), 「비정규 노동과 노동 정책의 과제」, 한국 노총 주최 비정규
　　　노동자 보호를 위한 토론회 자료.

_____ 외(2002), 『간접 차별 판단 기준을 위한 연구』, 노동부.

조은주(2002), 『서비스 부문의 노동 과정 연구』, 한국 노총중앙연구원.

채구묵(2003), 「비정규 근로자의 인구학적 및 직업 산업별 특성에 관한 연구
　　　－단시간 및 일용직 임시직 고용을 중심으로」, 『경제와 사회』 58호.

최경수(2001), 「고용 구조 파악을 위한 고용 형태의 분류와 규모 추정」, 『노
　　　동 경제 논집』 제24권 2호.

최금창(2000), 「호텔 비정규직 관리 방안에 관한 실증적 연구」, 경기대학교
　　　경영대학원 석사학위논문(미간행).

최영준(2000), 「호텔 식음료 부문 아웃소싱 활용 가능성에 관한 탐색적 연
　　　구－독일 사례를 중심으로」, 『호텔 경영학 연구』 제9권 2호.

최휴종(1998), 「호텔 종업원의 서비스 질에 대한 고객의 평가 요인 분석」, 『관
　　　광학 연구』 제22권 제1호

톰슨, 폴(1987), 『노동 사회학』, 심윤종과 김문조(역), 서울: 경문사(Thompson,
　　　Paul, *The Nature of Work: An introduction to debates on the labour process*,
　　　London : Macmillan, 1983).

하트만, 하이디(1985), 「자본주의, 가부장제, 성별 분업」, 『제3세계 여성 노동』,
　　　여성 평우회(편), 서울: 창작과 비평사(Hartman, Heidi, "Capitalism,
　　　Patriarchy and Job Segregation by Sex", *Sings*, 1(3), 1976).

한국 비정규노동센터 현장 리포트 팀(2004), 「호텔 업계 도급화, 노동자들
　　　고용을 잠식하다－그랜드 힐튼 호텔 외주 용역화와 조직화 문제를
　　　중심으로」, 월간 『비정규 노동』 9월호.

Atkinson, J(1984), "Manpower Strategies for Flexible Organizations", *Personnel
　　　Management*, August.

Adib, Amel and Guerrier, Yvonne(2003), "The Interlocking of Gender with Nationality, Race, Ethnicity and Class: the Narratives of Women in Hotel Work", *Gender, Work and Organization*, 10(4).

Bagguley, Paul(1990), "Gender and Labour Flexibility in Hotel and Catering", *The Service Industrial Journal*, 10(4).

Biswas, Rashmi and Cassell, Catherine(1996), "Strategic HRM and the Gendered Division of Labour in the Hotel Industry-A Case Study", *Personnel Review*, 25(2).

Gaskell, Jane(1991), "What Counts as Skill? Reflection on Pay Equity", *Just Wages: A Feminist Assessment of Pay Equity*, Toronto : University of Toronto Press.

Geurrier, Yvonne and Lockwood, Andrew(1989), "Core and Peripheral Employees in Hotel Operations", *Personnel Review*, 18(1).

Hakim, Catherine(1990), "Core and Periphery in Employer's Workforce Strategies: Evidence from the 1987 E.L.U.S. Survey", *Work, Employment & Society*, 4(2).

Horrell, Sara., Rubery, Jill and Burchell, Brendan(1990), "Gender and Skills", *Work, Employment & Society*, 4(2).

Jenson, Jane(1989), "The Talents of Women, the Skills of Men: Flexible Specialization and Women", *The Transformation of Work?: Skill, Flexibility and the Labour Process*, London ; Boston : Unwin Hyman.

Kahn, Peggy(1999), "Gender and Employment Restructuring in British National Health Service Manual Work", Gender, *Work and Organization*, 6(4).

Kusterer, Ken C(1978), *Know-How on the Job: the Important Working of "Unskilled" Workers*, Westview Press.

Philips, Anne and Taylor, Barbara(1996), "Sex and Skill: Notes Towards a Feminist Economics" *Feminism & History*, Oxford ; New York : Oxford University Press.

Pollert, Anna(1988), "The 'Flexible Firm': Fixation or Fact?", *Work, Employment & Society*, 2(3).

Saplter-Roth, Roberta and Hartman, Heidi(1998), "Gauging the Consequences for Gender Relations, Pay Equity and the Public Purse", *The Contingent Work*,

Ithaca : ILR Press.

Steinberg, Ronnie J.(1996), "Social Constructon of Skill: Gender, Power, and Comparable Worth", Application of Feminist Legal Theory to Women's Lives-Sex, Violence, Work, and Reproduction, Philadelphia : Temple University Press.

Walby, Sylvia(1997), "Flexibility and the Changing Sexual Division of Labour", *Gender Transformations*, London ; New York : Routledge.

<인터넷 및 기타>

여성 인력 개발 센터 http://www.job365.or.kr

한국 표준 직업 분류 http://www.laborstat.molab.go.kr

한국 비정규직 노동 센터 http://www.workingvoice.net

전국 여성 노동조합 http://www.kwunion.or.kr

부 록

객실 용어1)

Air Conditioner: 냉·온방 장치, 공기 조절 장치.

Amenity: 호텔에서 Amenity란 고객에 대한 일반적이고 기본적인 서비스
　　　　　외에 "부가적인 서비스의 제공"을 의미한다.

Arm Chair: 1인용 팔걸이 안락 의자.

Arrival List: 숙박 예약자 명단.

Baby Crib: 유아용 침대.

Baby Sitter: 어린 아이를 돌보아 주는 사람.

Baggage: 짐.

Basin: 세면대.

Bath Tub: 욕조.

Bed Making(=Bed Make-up): 침대 꾸미기, 침대 정리.

Bidet: 여자가 소변 후 사용하는 뒷물 대.

Blackout Curtain: 암막 커튼.

Blocking Room: 이미 예약되어 있는 방.

Brochure: 안내용 인쇄물.

---

1) 룸 메이드에게 나눠준 교육 자료에서 발췌.

Closet: 옷장.

Comp: 우대 객실, 'Complimentory on Room'의 약어로 이때는 주로 식음
　　　료가 포함되지 않고 객실만 무료로 제공한다.

Complimentary: 불평.

Confirm(Confirmation): 확인하다(확인).

Do Not Disturb: 깨우지 마시오. 방해하지 마시오.

Door-knob Menu: 문 손잡이에 거는 메뉴(룸 서비스).

Entrance Door: 입구 문.

Extra Bed: 보조 침대.

F.I.T.: Foreign Independent Tour(외국인 개별 여행객).

Folder: 필기구, 안내 책자 등을 담는 앨범.

Head Board: 침대 머리 판.

Hold Room Charge:

　　　① 숙박한 고객이 단기간의 지방 여행을 떠나는데 수하물을
　　　그대로 객실에 남겨 놓고 가는 것이다. 이때 객실은 고객이 계
　　　속하여 사용하는 것이 되므로 객실료는 고객의 청구서에 계산
　　　되고 서비스료도 가산된다.
　　　② 고객이 객실을 예약하고 호텔에 도착하지 않았을 때에 그
　　　객실을 유보시킨 경우에 적용되는 요금이다.

House Use Room: 호텔 자체의 공무용으로 이용되어 고객에게 팔 수 없
　　　는 객실.

Honey Moon Guest: 신혼 여행객.

Late Check-Out: 호텔 용어로 정해져 있는 체크아웃 타임 이후의 체크아
　　　웃으로 타임 이후 객실 이용에 있어서는 Extra Room Charge가
　　　필요하다. 그러나 프런트 데스크의 사전 승인 하에 체크아웃
　　　시간이 지나서 출발하는 고객인 경우는 추가 요금은 부과되지

않는다.

Laundry: 세탁.

Log(Log Book): 업무 일지, 근무 일지, 인수 인계 일지, 영업 일지로 몇 몇 영업 부문에서 사용하는 업무 활동 기록 대장.

Lost and Found: 분실물 및 습득물.

Luggage Rack: 짐을 올려놓는 것.

Make-up: 고객이 객실에 등록되어 있는 동안 침대의 린넨을 교환하거 나 객실을 청소하고 정비 정돈하는 것.

Make-up Room: 청소를 요하는 객실.

Message: 전언.

Morning Call: Wake-up Call 고객의 요청에 따라 교환원이 지정된 시간 에 고객을 깨우는 것.

Night Table: 객실의 침대(Bed) 머리 맡(Head Board) 바로 곁에 놓이는 테 이블. 이곳에는 대개의 경우 Radio Set, Night Lamp가 부착되고, 누워서 객실 내 모든 전등을 켜고 끌 수 있는 Switch Board를 설치해 놓았다.

No Show: 예약을 하고도 연락 없이 도착하지 않음.

Occupancy: 가동률.

On Change: 객실 정돈 중이란 표시(청소 중).

Out of Order: 고장(이는 객실의 상태가 수리중이거나 재 장식으로 인하 여 판매 불능한 경우의 표시).

Over Booking: 예약을 예상보다 많이 잡는 것(10%).

Paging: 고객을 찾는 일.

Pick-up Service: 고객을 공항이나 터미널에서 영접하여 호텔까지 모시고 오는 것.

Porter: 짐을 나르는 사람.

Pressing Service: 다림질 서비스

Public Area(=Public Space): 공유 지역, 공공 장소.

Reservation: 예약, 고객과 호텔 간의 객실 상품 판매 약속으로 고객은 일정 기간 동안을 약속된 숙박을 하고 또한 동시에 호텔은 숙박 시설을 제공한다.

Rest Room: 화장실.

Safety Box: 안전 금고.

Sanitary Bag: 위생 주머니.

Sewing-Kit: 바늘 쌈.

Shelve: 선반.

Skipper: 방값을 안 내고 도망 간 사람.

Sleep Out: 외박 고객, 객실료를 지불했으나 등록한 객실에서 숙박하지 않고 외부에서 숙박한 고객.

Spat(Special Attention): 특별한 주의와 관심을 요구하는 귀빈 표시 번호.

Stationary Folder: 객실 내에 항상 준비되어 있는 문구류로 봉투, 편지지, 엽서, 볼펜 등.

Thermostat: 자동 온도 조절 장치.

Turn Down Service: Evening Service로 침대 덮개(Spread)를 벗기고 고객의 취침을 위해 준비하거나 객실을 정리한 뒤 사용한 비품과 린넨을 교체시키는 것.

Upgrading/Upgrade: 호텔의 사정에 의하여 예약한 객실보다 가격이 비싼 객실에 투숙시키고, 요금은 고객이 예약한 객실 요금으로 처리하는 경우.

Utility Man: 공공 구역의 청소원.

Vacant: 빈 객실.

Vacuum Cleaner: 진공 청소기.

Valet Service: 호텔의 세탁소(Laundry)나 주차장(Parking Lot)에서 고객을
위해 Service 하는 것.

VIP(Very Important Person): 중요한 고객.

Wake-up Call: Morning Call.

Walk-in Guest: 예약이 없는 고객(사전에 예약을 하지 않고 당일에 직접
호텔에 와서 투숙하는 고객).

Wash Basin: 세면기 시설을 하여 놓은 대.

Window Screen: 방충망.

Writing Desk: 간단한 사무를 볼 수 있는 책상.

룸 메이드 1일 보고서에 기록되는 용어1)

룸 메이드 1일 보고서(Maid's Daily Report)를 작성하기 위해 필요한 객실 상태에 대한 좀 더 자세한 용어는 다음과 같다.

DND: Do not disturb, '방해하지 마시오'란 의미로 주변의 정숙이 요구되며 4시 이후에는 사무실 또는 점검원에게 보고한다.

M/S: Make up, 청소 요망으로 우선 순위로 처리한다.

N/B(No Bag), S/O(Sleep Out).

이런 경우는 반드시 표기하고, 주문 전달자(OT)에게 얘기해야한다. 그래야만 No Show를 시킨다(아무런 연락 없이 방이 취소된 경우임). 그렇지 않은 경우 고객에게 돈이 청구된다.

L/B(Light Bag), S/O: 애매한 개념으로 가벼운 짐이 있는 경우이다. 와이셔츠가 있다든지 등등, 고객 중에 짐을 거의 안 들고 다니거나, 혹은 카지노에 맡겨놓고 다니기도 한다. 이런 고객들은 카지노에서 밤새거나 전날 C/O(체크아웃) 해버린 경우이다.

N/B: 잠은 잤는데 짐이 없는 경우이다. 간혹 이렇게 짐 없이 오는 고객이 있다. 이런 경우 메이드가 방을 C/O 처리하면, 고객이 나중에 들어

---

1) 룸 메이드에게 나눠준 교육 자료에서 발췌.

와서 자신이 사용하던 것이나 메모 등을 내놓으라고 한다. 근로자가 보기에 별로 중요하지 않아 보이지만 찾아내라며 컴플레인이 난다.

S/O: 짐은 있는데 잠은 안 잔 경우다. 여행을 갔거나 카지노에서 밤을 새운 경우이다. 이런 경우는 모두 보고해야 한다. 카지노 고객의 경우 특성상 돈을 많이 가지고 있어 납치될 가능성이 있기 때문이다.

R/O: Re Occupied, 다른 고객이 C/I(체크인)한 경우.

R/C: Room Change, 기록된 메모지라도 함부로 버리지 말고 옮겨진 객실로 보내져야 한다.

<부록 3>

객실 내 편의 시설과 객실 용품에 대한 명칭1)

객실 입구: 객실 번호, 초인종, 벽지, 객실 문, 틀, 손잡이, 대리석 턱,
　　　　　락 셋, 렛치 판, DND 판, 도어 뷰, 요금표, 대피도, 도어 스톱,
　　　　　콘센트, 도어 크로저, 체인, 키 박스, 입구 등, 스위치.

옷　　장: 옷장 문, 손전등, 배전반, 옷장 등, 구두 주걱, 옷솔, 횟대, 라게
　　　　　지 랙, 방독 마스크함, 슈 밑, 옷걸이, 겸용 옷걸이, 모자걸이,
　　　　　슬리퍼, 슬리퍼 띠, 베이스 보드, 선반, 담요, 담요 비닐.

욕　　실: 잠옷 걸이, 확대경, 헤어 드라이기, 욕실 컵, 코스타, 컵 뚜껑,
　　　　　비누, 비누접시, 세면기, 대리석, 폭업, 코킹, 수도전, 핸들, 휴
　　　　　지, 휴지걸이, 워시 타월, 접시, 때 타월, 어메니티 바구니, 라
　　　　　이너, 샴푸, 린스, 바블, 로션, 빗, 바늘 쌈, 면봉, 샤워 캡, 위생
　　　　　백, 욕실 거울, 벽 등, 전화기, 플래이트 페이스, 훅 버튼, 변기
　　　　　볼, 시트, 카바, 물탱크 겉, 속, 샤워 커튼, 고리, 횟대, 훗 타월,
　　　　　타월 선반, 베스 타월, 핸드 타월, 빨래 줄, 샤워 헤드, 걸이,
　　　　　욕조 마개, 욕조, 손잡이, 욕실 바닥, 배수구.

미니바: 선반 유리, 미니 레이스, 할로겐, 빌, 빌 봉투, 볼펜, 얼음 통,

---

1) 점검원의 객실 점검표에서 발췌한 것이다. 실제로 필자에게 실습을 시킬 때
　　객실 점검표를 주면서 객실 내 편의 시설과 객실 용품을 익히도록 하였다.

집게, 냉장고 안뜰, 케이스, 덧문, 경첩, 냉동실.

그 외: 온도 센서, 전신 거울, 휴지통 안뜰, 차 세트(트레이, 포트, 찻잔, 티스푼, 슈거 홀더, 홍차, 녹차, 인삼차, 꿀), 드레서, 드레서 등, 갓, 전구, 서랍, 성경, 불경, 서비스 디렉토리, 메트, 세탁 백, 세탁 빌, Extra 베개, 홀더(편지지, 봉투, 팩스 용지), 그림 엽서, 불편 신고 엽서, 셔틀 안내, 조깅 안내, 비상 대비 안내, 앙케이트, 공항 안내, 룸 서비스 메뉴, 특선 메뉴, 도아놉 메뉴, 드레서 거울, 달력, TV, TV 회전대, 센서, 금고, 봉, 덧문, 안내 책, 그림, 휀 코일, 덮개 라지에터, 문짝, 겉 커튼, 속 커튼, 드롭 바, 레일, 로라, 창문, 고리, 고임목, 물받이, 방충망, 휄트, 후로아 램프, 잡지, 웰컴 레터, 재떨이, 성냥, 리모콘, 게임 테이블, 대리석, 의자, 커넥팅 도아, BGM 테이블, 램프, 시계, 알람, 라디오, 디머 스위치, 홋 라이트, 객실 전화기, 줄 정리, 메모 패드, 메모지, 연필, IDD, 크리넥스, 케이스, 맛사지 랙, 실명제 랙, 매트리스, 박스 스프링, 침대 커버, 스커트, 시트, 패드, 베개, 베개커버, 헤드 보드, 나이트 테이블, 전화번호책, A호텔 안내 책, 국립공원 안내 책, 천정, 닥트, 감지기, 스프링쿨러, 벽지, 도색, 카펫.

객실 정비 시 안전사고 주의 사항[1]

안전사고의 발생은 작업 환경이나 작업 조건의 불비에도 원인이 있겠지만 정신적인 해이로 인한 부주의나 위험에 대한 지식 부족에 기인하는 경우가 많다. 그러므로 사고 방지의 책임은 타인에게 전가하거나 부담시킬 성질이 아니며 안전 관리에 적극 신경 써야 할 것이다.

〈표-12〉 객실 정비 시 안전사고 주의 사항

객실 청소 시 유의 사항	사 례
1. 오물 수거 시 재떨이 담배 불씨 확인. 재실일 경우.	고객이 베란다 식탁에서 식사하고 객실의 재떨이를 쓰레기통에 쏟아버리고 나갔는데 그걸로 인해 불이 나서 방 안에 연기가 자욱했다. 　일반 정비 근로자가 로비 재떨이의 담배꽁초를 걸어 와서 private 쪽에 있는 비닐 오물 백에 쏟고 다시 나갔는데 5분쯤 뒤에 불이 나서 천정까지 치솟았다.

---

1) A4용지 4~5장에 걸쳐 유의 사항과 그에 대한 사례들을 상세하게 기록하고 있다. 여기서는 10가지 유의 사항만을 기록한 것이다. 그 내용을 살펴보면 메이드 업무 중에 사고가 많이 발생하고 있다는 걸 알 수 있다. 화재 발생, 감전, 화상, 허리 다침, 욕실에서 미끄러져 다침, 여러 시설 등에 의해 발생한 사고들에 대한 내용들이다.

2. 손의 물기로 인한 감전 조심.	청소 중 젖은 걸레로 먼지를 닦다가 무심이 코드를 뺄 때 손의 물기로 인하여 손에 감전이 올 수 있다.
3. 전기 포트 속 구연산 처리로 인한 끓는 물 버릴 때 화상 주의.	전기 포트 속에 오랜 철분 성분으로 생긴 흰 앙금이나 고객이 차, 라면 등을 끓여서 검게 탄 부분을 닦기 위해 구연산으로 끓이는데 그 물을 버리려고 전기 포트를 들고 욕실로 가던 중 포트를 엎질러 다리에 화상을 입었다. 전기 포트의 물을 버릴 때는 코드 접촉 부분 반대 방향으로 쏟는다. 물이 없는 가운데 뚜껑을 열고 끓이다가 과열되는 사례가 있다.
4. 전구 교체 시 스위치 주의.	무심코 전구를 바꾸려다가 뜨거워서 데이는 사고가 발생한 사례가 있다. 전구 교체 시 스위치 전원을 끄고 하며 전구가 헛돌거나 빠지지 않을 경우는 주문 처리한다.
5. 진공 청소기 사용 시 선 밟히지 않게 주의.	진공 청소기 사용 중 선을 기계가 밟고 지나가면 선이 파손되어 합선이 일어날 수 있다. 코드는 잡고 뺀다.
6. 게임 테이블을 밟고 올라가는 일이 있을 경우 의자 시트의 중앙을 밟고 올라간다.	객실 청소 중 게임 테이블 위 천정을 얼룩이 있어서 닦으려 올라가는데 의자 끝을 딛어 의자가 재껴지면서 발을 삐끗함.
7. 객실 문 도어 체인에 몸이 부딪히지 않게 주의. 문을 열고 드나든다.	청소 중 객실 문을 45도로 열어 고임목을 받쳐놓고 그 사이로 드나들다가 팔에 부딪혀서 멍이 생김.

8. 옷장 문 닫을 때 손가락이 찍히지 않도록 주의.	옷장 문을 여닫으면서 장문에 손가락을 찍는 수가 있다.
9. 침대 꾸미기 시 바른 자세로 허리에 무리가 오지 않도록 주의한다.	침대 꾸미기를 할 때 무릎을 대고 무릎과 손을 같이 사용한다. 침대 꾸미기를 할 때는 무릎을 구부리고 다리에 힘을 줘서 허리에 무리가 오는 것을 줄인다. 침대 꾸미기 시 침대가 삐뚤어져서 허리로 밀었는데 갑자기 허리가 아파서 디스크가 왔다. 침대를 움직일 때 힘든 것을 무리하게 혼자하지 말며 허리를 펴고 다리를 구부려서 한다. 다 쓴 시트를 바닥에 놓으면 바닥에 걸려서 넘어진다.
10. 무거운 가구를 들 때 들지 말고 양쪽으로 번갈아가며 움직인다.	침대 맡 테이블, 게임 테이블을 들지 말며 양쪽을 번갈아서 조금씩 움직여서 목표지까지 간다.

찾아보기

ㄱ